NHK
プロフェッショナル
仕事の流儀

プロのおうちごはん

NHK
「プロフェッショナル 仕事の流儀」
制作班〔編〕

アスコム

はじめに

超一流のプロフェッショナル21名が集結した今までにないレシピ集ができました

私たちの本を手に取ってくださり、誠にありがとうございます。

「プロフェッショナル 仕事の流儀」は、あらゆるジャンルの第一線で活躍するプロフェッショナルに密着し、その仕事を徹底的に掘り下げるドキュメンタリー番組です。２００６年の放送開始以来、宮崎駿さん、イチローさん、吉永小百合さんなど４００名以上に密着し、おかげさまで15周年を迎えました。

２０２０年春、番組は〝史上最大の危機〟に直面しました。新型コロナウイルスの感染拡大で私たちの生命線である〝密着〟を封じざるをえなくなったのです。取材によって誰かの命を危険にさらすことは絶対にあってはならない。再放送もやむなし、という苦渋の決断でした。

そのとき、ディレクターから「私たちにできることは本当にないのでしょうか？」という声が上がりました。公共放送に携わる人間として、この状況をただ見つめるだけでいいのか……。番組制作班の全員が胸に抱いていた思いでした。そこで立ち上げたのが「プロのおうちごはん」という緊急企画でした。

家での自粛生活を余儀なくされている人たちの〝おうち時間〟を少しでも豊かにするために、これまで取材した料理のプロフェッショナルに〝自宅で簡単にできるレシピ〟をご紹介いただくという企画。

レシピはそれぞれに〝自撮り〟していただければ接触をなくせる……。恐る恐るご協力をお願いすると、ほぼすべての方が快諾し、動画を寄せてくださいました。営業自粛などにより売り上げが激減し、極限まで追い詰められている方もいましたが、「誰かのために」と立ち上がってくださったのです。「プロのおうちごはん」は、昨年の緊急事態宣言中を中心に計6回にわたって放送し、史上最年少で三つ星を獲得したフレンチシェフ・岸田周三さん、伝説の家政婦・タサン志麻さん、当代屈指の天ぷら職人・早乙女哲哉さんなど総勢21名のプロフェッショナルが参加する、夢のような番組となりました。

大反響を呼んだこのレシピを後世に伝えられないか……と思っていたとき、アスコムさんから書籍化の相談をいただきました。通常であれば追加の取材・撮影をするそうですが、新型コロナの感染状況を鑑み、番組映像を写真として活用していただきました。少し粗いかもしれませんが、どのページからも、苦しいときに立ち上がってくださったプロフェッショナルたちのあたたかな気持ちが感じられる本になったと思っています。

この場を借りて、プロフェッショナルたちに感謝申し上げます。そして、私たちのわがままにお付き合いくださったアスコムの高橋克佳さん、斎藤和佳さん、ありがとうございました。まだしばらくウイルスとの闘いは続きますが、この本が〝おうち時間〟をあたためる存在になってくれれば、うれしいです。

2021年3月

NHK「プロフェッショナル 仕事の流儀」制作班　チーフプロデューサー　荒川 格

目次

はじめに
超一流のプロフェッショナル21名が集結した
今までにないレシピ集ができました……2

家政婦のプロフェッショナル
タサン志麻……8
オーブンいらずの ローストビーフ……9
子どもも大好き 具だくさん野菜スープ……12
お手軽 チョコレートムース……14
お手軽 レモンケーキ……16
らくらく フランス風グラタン
(アッシ・パルマンティエ)……19
シュークリームで 簡単スイーツ
(プロフィットロール)……22
3つでできる! イルフロタント(浮き島)……24
アイオリソースで 野菜も魚も……28
あき時間で 鶏の赤ワイン煮……31
3分でできる 絶品チョコもち……34

洋食のプロフェッショナル
島田良彦……36
家で作れる 本格ひとくちカツ……37

野菜のプロフェッショナル
杉本晃章……40
絶品! 新キャベツの もみ漬け……41

中華料理のプロフェッショナル
古田 等……43
家族をつなぐ パラパラチャーハン……44
くずきり ココナッツミルク……47

お好み焼きのプロフェッショナル
市居 馨 …… 50
ホットプレートでも失敗しない お好み焼き …… 51

カレーのプロフェッショナル
植竹大介 …… 55
気持ちアップ スパイスカレー …… 56

パンのプロフェッショナル
竹内久典 …… 59
看板メニューの ホットサンド …… 60
アボカドとクリームチーズの オープンサンド …… 62

天ぷらのプロフェッショナル
早乙女哲哉 …… 64
自宅で簡単 まかない天丼 …… 65
まかないの定番 丼づゆを使った玉子丼 …… 68

洋菓子のプロフェッショナル
横溝春雄 …… 70
春を味わう フルーツゼリー …… 71

フレンチのプロフェッショナル
岸田周三 …… 74
おうちでフレンチ じゃがいもグラタン …… 75
イチジクの パイ包み …… 78

焼き鳥のプロフェッショナル
池川義輝 …… 81
焼き鳥屋さんの 鶏スープ …… 82
焼き鳥屋さんの 親子丼 …… 84

チョコレートのプロフェッショナル
三枝俊介 …… 86
チョコがしみる フレンチトースト …… 87
溶かして固めて アイスショコラ …… 90

魚のプロフェッショナル
松本秀樹 …… 93
子どもも喜ぶ アジのハンバーグ …… 94

お茶のプロフェッショナル
前田文男 …… 97
達人が教える おいしいお茶の淹れ方 …… 98

ジェラートのプロフェッショナル
柴野大造 …… 100
愛のアイスケーキ
（セミフレッドマスカルポーネ） …… 101
コーヒーキャラメル味もおいしい！ …… 104

家庭料理のプロフェッショナル
栗原はるみ …… 105
万能タレを使った ゴボウハンバーグ …… 106

日本料理のプロフェッショナル
山本征治 …… 109
自家製だししょうゆで ラクラク野菜鍋 …… 110
豆苗のだししょうゆ炒め …… 113
厚揚げのニンニクだし しょうゆ焼き …… 114

イノベーティブ料理のプロフェッショナル
米田肇 115
簡単ヘルシー しっとり！ とりサラダ 116
フレンチのプロフェッショナル
小林圭 119
赤ワインのリゾット ピストゥを添えて 120
マッシュルームのピストゥ（ジェノベーゼソース） 123
洋菓子のプロフェッショナル
杉野英実 124
イチゴとオレンジの 自家製ジャム 125
黒こしょう風味の 自家製パイナップルジャム 128
自家製ジャムの お手軽パフェ 131
夏ぴったり 桃のコンポート 132
ピーチメルバ 135
カクテルのプロフェッショナル
岸久 136
本格 スイカカクテル 137
おうちモヒート 139
モヒート風ソーダ（ノンアルコール） 142

この本の使い方

・計量単位は、1カップ＝200㎖、大さじ1＝15㎖、小さじ1＝5㎖、米1合＝180㎖です
・レシピ中の材料の単位は、各プロフェッショナルからいただいたレシピの表記を尊重しました
・調理時間と材料の人数は、目安です
・野菜類は、特に表記のない場合は、皮をむく、洗う、種やヘタを取るなどの作業は省略しています

各プロフェッショナルの紹介文のデータは、番組放送時のものです
一部の放送回は、ネット配信動画サービス「NHKオンデマンド」で視聴可能です（2021年3月時点）

家政婦のプロフェッショナル

タサン志麻

TASSIN Shima

働く母親を支えたい料理人から「伝説の家政婦」へ

依頼が殺到し、その人気ぶりから「伝説」と称される料理専門の家政婦、タサン志麻。訪ねた家庭に残された食材と調理器具だけで、3時間でおよそ1週間分、15品を超える「作り置き」を即興で作りあげる。しかも本格フレンチから、和食、中華、デザートまで、バリエーションは600以上。さらに家の中の状況や会話からヒントを得て、客が今求める料理、好みの味付けを生み出す。

「世の働くお母さんは本当に忙しい。だから愛情こめて、家族のことを考えて、少しでも助けになりたい」と志麻は言う。仕事と子育て、さらに家事に追われ疲弊していく、世の働く母親たち。志麻はどう彼女たちに向き合い、支えるのか。時代と人知れず闘う、家政婦の仕事の現場に番組が密着した。

そんな志麻が、リモートで、自宅でできる簡単・絶品レシピを大公開。

PROFILE & DATA

家政婦。フランスの調理師専門学校を卒業後、ミシュランの三つ星レストランでの研修を修了して帰国。老舗フレンチレストランなどに約15年勤務したのち、結婚を機にフリーランスの家政婦に。著書、テレビ出演多数。

タサン志麻　公式サイト　https://shima.themedia.jp/

NHKプロフェッショナル 仕事の流儀「家族のために、母のように ～家政婦・タサン志麻～」2018年5月21日放送

NHKオンデマンドで見られます

オーブンいらずのローストビーフ

材料（4〜5人分）

ローストビーフ

牛モモ肉（かたまり。アンガスビーフなど高価でないものでOK）…400〜500g

塩…適量

こしょう…適量

サラダ油…適量

ソース

赤ワイン…100㎖

コンソメキューブ…½個

水…50㎖

バター…30g

付け合わせ

インゲン、ブロッコリー、アスパラガス、タマネギ、バター

※すべて適量

作り方

❶肉を冷蔵庫から出して1時間以上置き、室温に戻す。a

❷肉の表面の水分をふき取ってから、塩、こしょうを全体にすりこむ。

ポイント▼肉の入っていたプラスチック容器の水分をふき取り、塩、こしょうをする。塩味が薄いと肉のうまみを感じにくくなるので、しっかりめにつける。

❸フライパンに油を多めにひく。

ポイント▼油の量が少ないと焼き色がきれいにつかないので注意。

❹肉に1面ずつ強火で焼き色をつけていく。まず、両端を手で押さえながら焼く。フライパンはソース作りに使うので、そのまま置いておく。

ポイント▼なるべく肉を動かさず、強火で30秒〜1分間ずつ全面にきれいに焼き色をつける。煙が出すぎるようなら、ときどき火からフライパンを離すとよい。b

❺焼き上がった肉をラップで二重にくるんでから、厚手の密封袋に入れ、できるだけ空気を抜いて口を閉める。

ポイント▼ラップは一重だと水分が入りやすいので二重に。c

❻大きめの鍋に⑤がかぶるくらいの湯を沸騰させ、⑤を入れる。肉が浮いて湯から出ないように、皿などで重しをする。d

❼再び沸騰させて3分たったら火を止めて、湯に入れたまま15分間おく。湯から出して、さらに15～20分間休ませる。

ポイント▼肉を切るのが早いと肉汁が出てしまうので、十分に休ませる。

❽肉を焼いたフライパンを熱し、たまった脂を捨てる。

❾火を止めて赤ワインを入れ、余熱で火を入れる。

ポイント▼フライパンについていた肉のうまみが浮いてくる。

❿再び火をつけ、コンソメ、水を加えて煮詰める。

⓫分量が⅓くらいになるまで煮詰め、バターを加える。

⓬肉を袋から取り出してそぎ切りにし、ソースをかける。

付け合わせ

❶インゲン、ブロッコリー、アスパラガスをゆでる。

❷ゆで汁を少し残してバターを入れ、絡めるように軽く①を煮詰める。

❸仕上げにタマネギのみじん切りを加える。

c

d

プロフェッショナルからひとくちメモ

肉を休ませている間に、野菜スープ（次ページ）などもう一品作りましょう！

子どもも大好き 具だくさん 野菜スープ

材料（2〜3人分）

タマネギ…½個

ニンジン…½本

キャベツ…⅛個（または大きな葉 2・5〜3枚）

ジャガイモ…小1個

ミックスビーンズ…適量

ベーコン（薄切り）…2〜2・5枚

コンソメキューブ…1〜1・5個

塩…適量

オリーブオイル…適量

※お好みでこしょう

作り方

❶鍋にオリーブオイルをひき、角切りにしたタマネギを入れ、塩をひとつまみ加えてじっくり炒める。

ポイント▼塩が、野菜のうまみをぐっと引き出してくれる。

❷炒めている間に、ニンジン（タマネギと同じ大きさの角切り）、キャベツ（少し大きめ）も切って、炒める。a

ポイント▼野菜は、いきなり水からゆでるより、炒めてからゆでたほうがずっとおいしい。

❸野菜がしんなりしたら、しっかりかぶるくらいの水を加え、強火にかける。

❹沸騰したら、アクを取って弱火にし、コンソメを加える。軽く沸騰するくらいの火加減で20分くらい煮込む。b

❺ニンジンがやわらかくなったら、ジャガイモの角切り（タマネギと同サイズ）、ミックスビーンズを加える。

ポイント▼ジャガイモは、水にさらせばさらっとした食感、そのままだと少しぽってりした食感になる。お好みで。

❻ジャガイモに火が通ったら、1cm幅に切ったベーコンと、お好みでこしょうを加え、ひと煮立ちさせて完成。

プロフェッショナルからひとくちメモ

じっくり炒めた野菜は、子どももよく食べてくれます。かんで食べられるようになった赤ちゃんにも、オススメです。ミックスビーンズは、サラダに入れても子どもは食べてくれませんが、スープやみそ汁に入れると、よく食べてくれますよ。

お手軽チョコレートムース

材料（4人分）

板チョコレート（ブラック）…2枚（100g）

卵…3個

砂糖…大さじ1

※卵は、賞味期限などを確認し、適切に温度管理されたものをお使いください。

作り方

❶板チョコが溶けやすいよう、ボウルの中で細かく割る。

❷鍋に湯を沸かし、①を湯煎にかける。弱火にし、ヘラでときどきチョコレートを混ぜながら、なめらかになるまで溶かす。a

ポイント▼ボウルの底が、鍋の熱湯に当たるように重ねる。

❸大小2つのボウルを用意し、卵を卵黄（小さいボウル）と卵白（大きめのボウル）に分ける。

ポイント▼卵黄に含まれる油分が、少しでも卵白に入るときれいに泡立たないので注意。

❹卵白を泡立て器で泡立て、ふんわりしたら砂糖を加え、ツノが立つまでさらに泡立てる。

ポイント▼砂糖は泡がしぼみにくくなるので必ず加える。

❺チョコレートを溶かしたボウルに卵黄を加えて、よく混ぜる。

❻⑤に卵白の1/3の量を入れて、泡立て器でしっかり混ぜる。

ポイント▼ここでしっかり混ぜておくと、あとで泡がつぶれにくくなる。

❼残りの卵白を2回に分けて、泡をつぶさないように、ヘラで底からすくい上げるようにして混ぜる。b

❽器に入れて、30分～1時間、冷蔵庫で冷やして完成。加熱していないので早めに食べる。

a

b

プロフェッショナルからひとくちメモ

食べる際に、お好みでココアパウダーを加えてもおいしいです。

お手軽レモンケーキ

材料（2〜3人分）
ホットケーキミックス…150g
バター…60g
ハチミツ…30g
卵…1個
レモン果汁…30g（約1個分）
飾り用のレモンスライス…数枚
※お好みでレモンの皮

作り方

❶材料を混ぜる前に、オーブンを180℃に予熱しておく。

❷電子レンジまたは鍋でバターを溶かす。

❸ボウルにホットケーキミックス、卵を入れて混ぜる。

❹③に、②とハチミツを入れてよく混ぜる。

ポイント▼ハチミツや牛乳をはかる際は、容器に入れたままはかりにのせて目盛りをゼロにしてから、「減った分」をはかるようにすると、計量カップなどの余計な洗い物が減らせる。a

❺レモンを数枚スライスしてとっておき（種は捨てる）、残りを④に搾って加えて混ぜる。b

大人の味に仕上げたいなら、レモンの皮をすりおろして入れる。

ポイント▼レモンのスライスは飾り用に使う。また、味のアクセントにもなる。

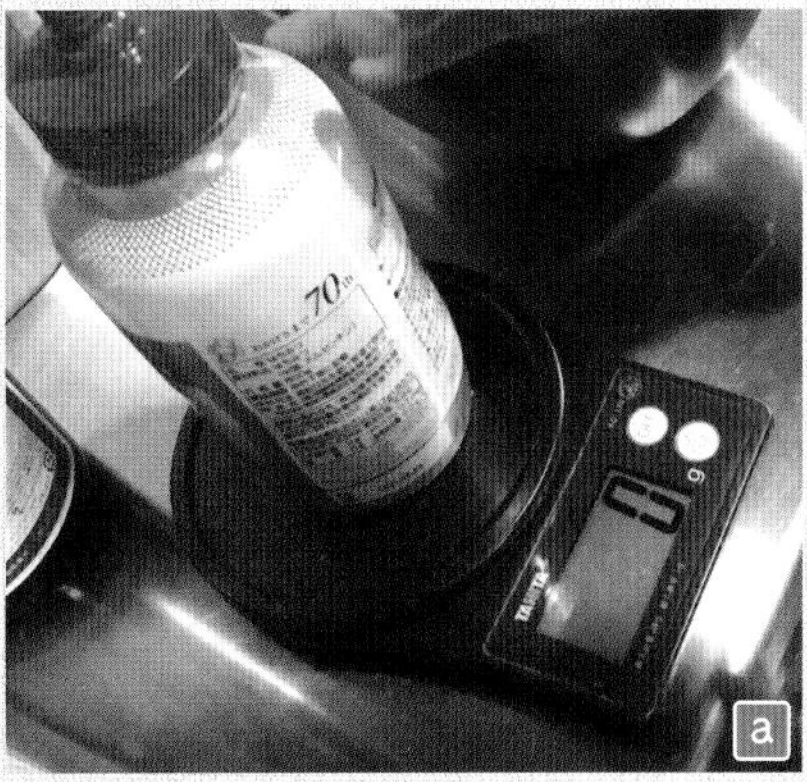

a

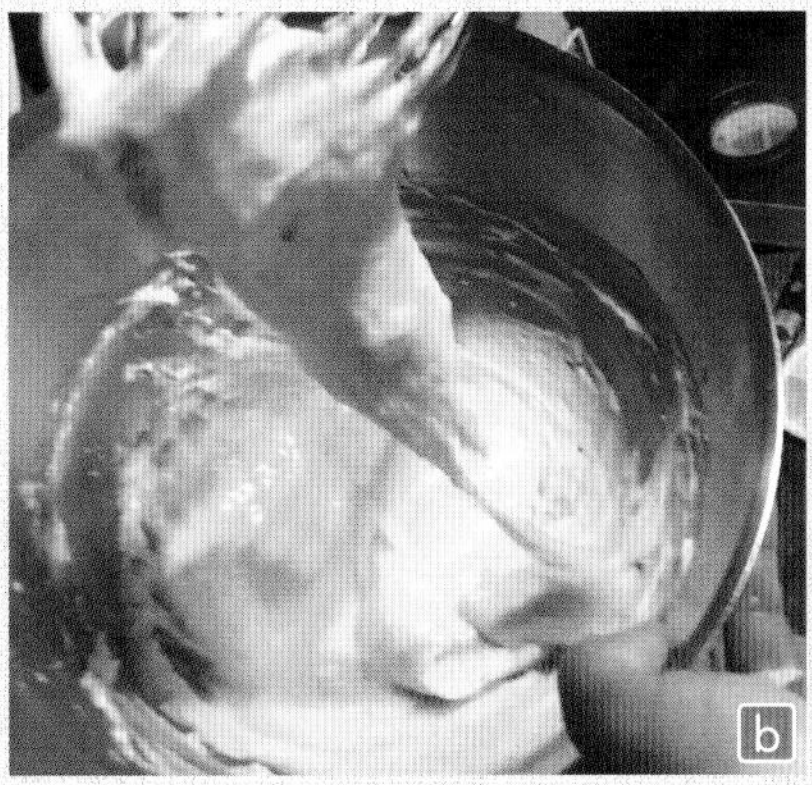

b

❻⑤をケーキの型に入れる。ホットケーキミックスは、焼けるとかなり膨らむので、型の半分の高さまでにする。c
型を揺すって生地の表面を平らにし、レモンのスライスをのせる。

❼180℃に予熱したオーブンで30～40分間、レモンに焦げ目がつくくらいまで焼く。

ポイント▼いちばん厚みがあるところを串で刺し、串に生地がつかなければ中まで火が通った証拠。

❽熱いうちに、表面にハチミツ（分量外）を塗る。こうすることで、しっとりして艶も出る。d

c

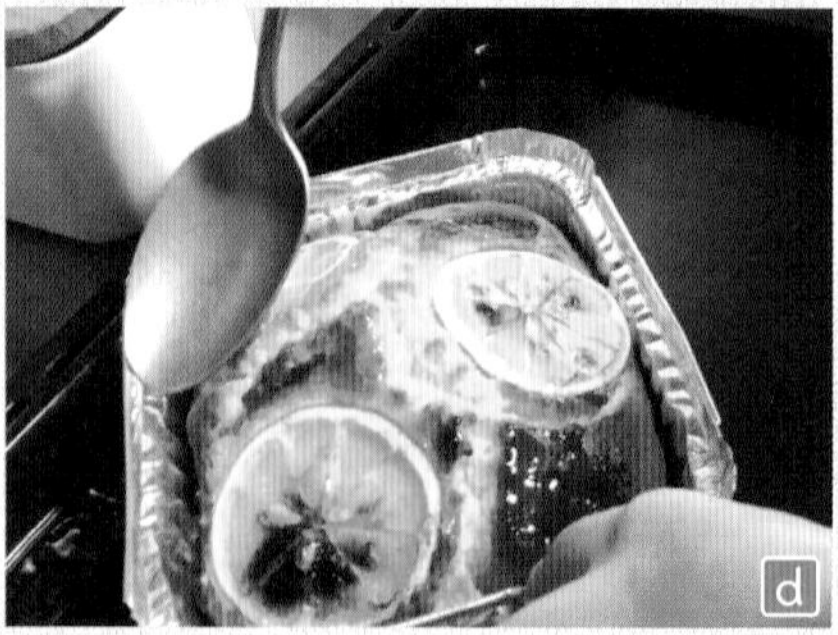
d

プロフェッショナルからひとくちメモ

ホットケーキミックスは、ベーキングパウダーや糖分などがバランスよく含まれているので、ケーキの材料に使うとあまり失敗せずにすみます。

らくらくフランス風グラタン（アッシ・パルマンティエ）

材料（3〜4人分）

ジャガイモのピュレ
ジャガイモ（メークイン）…5個
バター…25g
牛乳…150㎖

牛肉のトマト煮
牛こま肉…250g
タマネギ…1個
トマト缶…1缶（400g）
水…100㎖
ケチャップ…大さじ3
中濃ソース…大さじ2
砂糖、塩、こしょう…適量
油…適量
ピザ用チーズ…適量
※お好みでカレー粉、クミン、ハーブ

作り方

ジャガイモのピュレ

❶ジャガイモを厚さ2㎝くらいに切り、大きめの鍋で水からゆでる。

ポイント▼メークインは縦に長いので、手に持って皮をむきやすい。a

❷はしを刺して割れるくらいまでゆでたら、ざるにあげてしっかり水分を切る。

ポイント▼水っぽいようなら、空の鍋に戻して火にかけ、粉ふきいもを作るように水分を飛ばすと、ジャガイモの味が濃く感じられる。b

❸鍋に②を入れて弱火にかけ、バターと牛乳（2〜3回に分けて）を加えながらつぶし、ひと煮立ちさせる。

牛肉のトマト煮 c

❹タマネギを薄切りにし、フライパンに油をひい

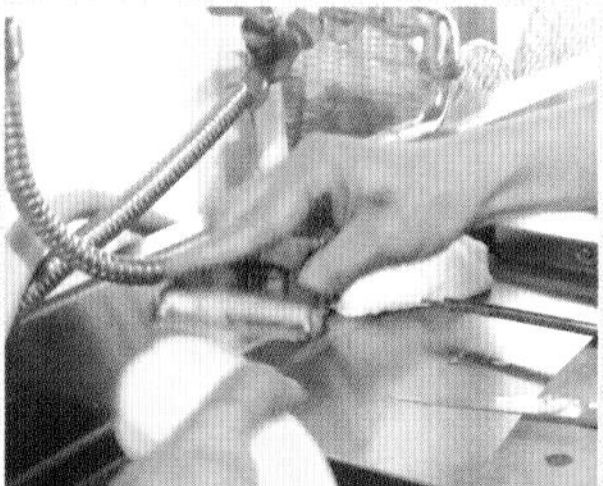
a

c

b

d

て入れ、軽く塩を加えて弱めの中火でしんなりするまで炒める。
ポイント▼タマネギをしっかり炒めることで、甘さが増す。

❺牛こま肉をひとくち大に切り、④に加えてさらに炒める。
ポイント▼冷凍肉を使用する場合は、できれば前日から冷蔵庫で解凍する。こま肉や薄切り肉を冷凍する時は、ギュッと固めて、中の空気を抜くイメージで保存するとよい。

❻肉の色が変わったら、トマト缶を汁ごと加え、塩、こしょうをふる。お好みで、カレー粉やクミン、ハーブなどを入れてもよい。
ポイント▼缶に残ったトマトのかけらも、水（100㎖）を入れて溶かし、フライパンに入れる。

❼煮立ったら、ケチャップ、中濃ソースを加えて、弱めの中火で約10分間煮詰める。酸味が強ければ、砂糖を大さじ1程度加える。

❽大きめのグラタン皿に⑦を敷き詰め、ジャガイモのピュレをのせて平らに伸ばす。d

❾チーズをすき間なくのせ、250℃に予熱したオーブンで20分程度焼く。表面に焼き色がついたら完成。
ポイント▼チーズだけを焼くイメージで。

プロフェッショナルからひとくちメモ

フランス人にとって、グラタンは日本人にとっての肉ジャガのような定番料理。冷凍の肉を使ってもおいしく作れます。牛肉のトマト煮は、特売のお肉を買って、たくさん作り置きしておくとラクで便利。ハヤシライスにしたり、パスタと一緒に食べたりしてもおいしいです。

シュークリームで簡単スイーツ（プロフィットロール）

材料
シュークリーム…2個（カスタードタイプ）
牛乳…100㎖
板チョコレート…2枚（100g）
※お好みでナッツやグラノーラを用意

作り方

❶シュークリームを冷凍庫で凍らせておく。

ポイント▼冷凍するのは、3時間ぐらいが目安。シュークリームの中身は、凍るとアイスのようになるカスタードクリームがオススメ。

❷鍋で牛乳を強火で沸かす。

❸②が沸騰したら、火を止めてチョコレートを割って混ぜる。

❹③をヘラで混ぜ、チョコレートを溶かす。熱い状態で、トロトロ（ヘラを上げたら流れ落ちるぐらい）になるまでかき混ぜる。a

❺皿に、凍らせたシュークリームをのせ、熱々のチョコレートソースをたっぷりかけたら完成。b

a

b

プロフェッショナルからひとくちメモ

ナッツやグラノーラをふりかけて食べても、おいしいです。食感のアクセントにもなります。

3つでできる！イルフロタント（浮き島）

材料

カスタードソース

卵黄…2個

牛乳…200㎖

砂糖…大さじ1〜2

メレンゲ（島）

卵白…2個

砂糖…大さじ1

塩…小さじ1

カラメルソース

砂糖…大さじ2

水…適量

※お好みでナッツやグラノーラ

作り方

カスタードソース

❶鍋で牛乳を弱火にかける。

❷小さいボウルに卵黄（卵白は大きいボウルに入れて置いておく）を入れ、砂糖を加えて混ぜる。砂糖は大さじ2、甘さ控えめがお好みの場合は大さじ1入れる。

ポイント▼卵黄と砂糖は、泡立て器で空気を入れるように混ぜる。空気の泡が入っていると熱が均等に伝わるため、熱い牛乳を入れたときに固まらずボソボソしない。a

ポイント▼バニラの香りがついた砂糖を使うと、より風味が豊かになる。砂糖にバニラの香りをつけるには、バニラビーンズを砂糖の容器に入れておくとよい。

❸①の牛乳が沸騰する直前くらいまで沸いたら、②に一気に入れる。

❹③を鍋に戻し、弱火にかける。とろみがつき、泡が消えるまでヘラで混ぜる。

a

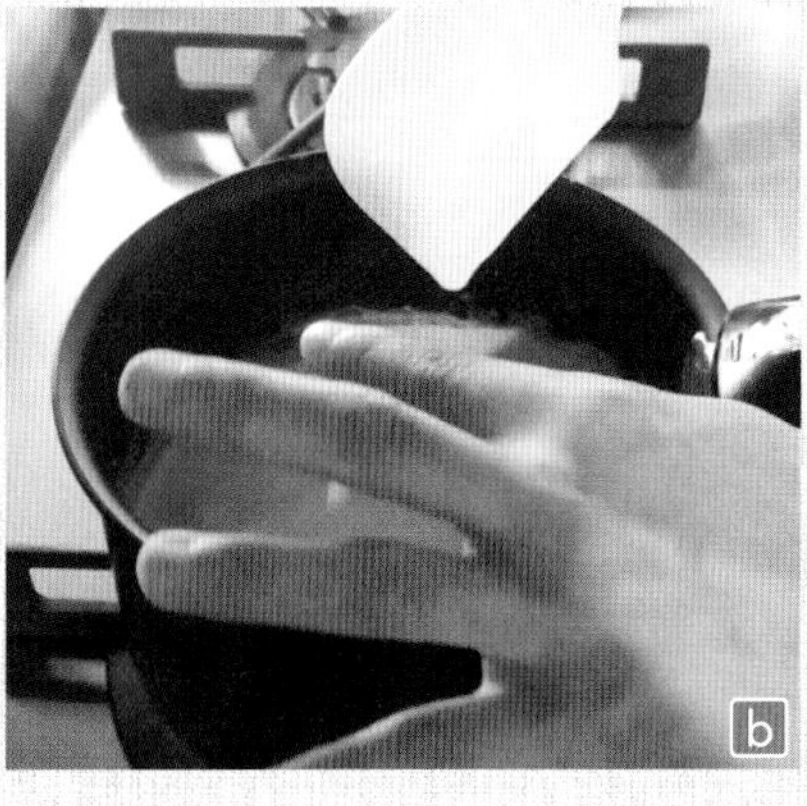
b

ポイント▼卵がだまになってしまうようだと、火が強すぎる。ヘラはまんべんなく底をさらうように動かす。ヘラについた液に指で線が描けるくらいまで混ぜる。25ページ b

ポイント▼よりなめらかにしたい場合は、④をこし器でこす。

❺④をボウルに移し、ボウルの底を氷水につけてよく冷やす。または、タッパーに移して冷蔵庫に入れてもよい。

ポイント▼暑い季節に作る場合、すぐに菌が繁殖するので、なるべく早く冷ますようにする。

メレンゲ

❶大きなボウルに取っておいた卵白を入れて、泡立て器やハンドミキサーでよく混ぜる。

ポイント▼ボウルはしっかりとふいておく。油分がついていると卵白が泡立たない。

❷①が泡立ってきたら、砂糖を大さじ1入れる。

❸さらに、きめ細かく卵白のツノが立つまで泡立てる。

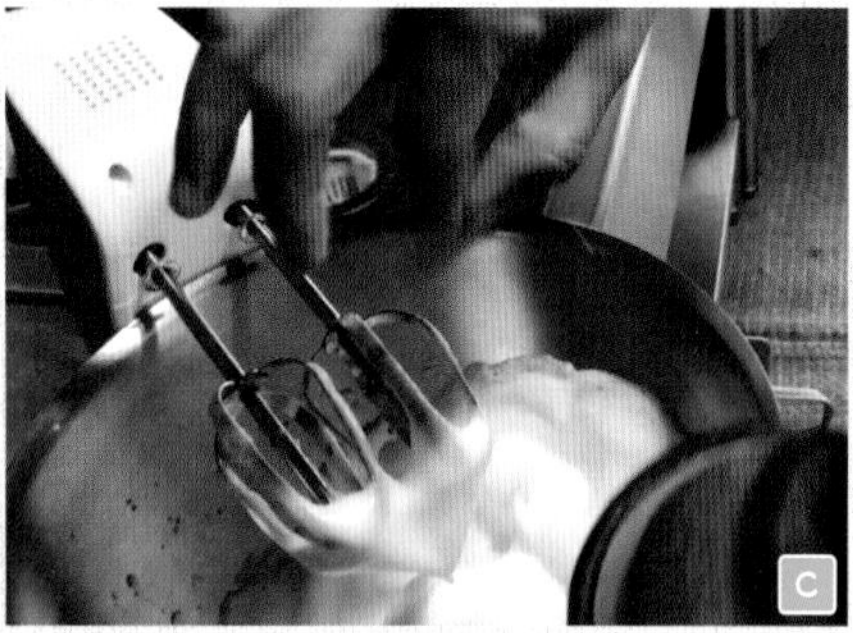
c

e

d

f

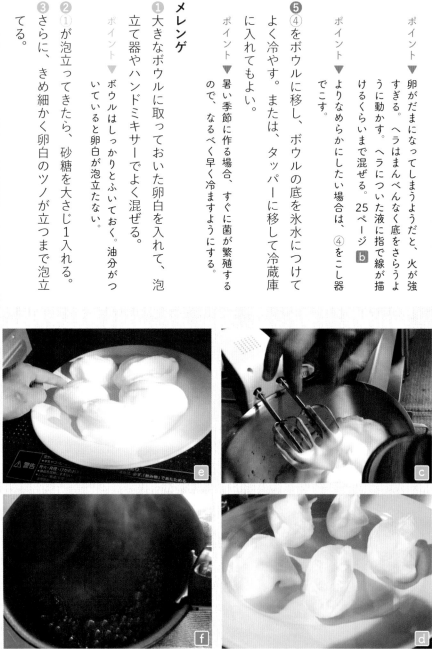

ポイント▼メレンゲの存在感を出したい場合は、塩をひとつまみ入れると、引き締まった感じに仕上がる。c

❹③をスプーンですくって皿にのせる。膨らむので適当な間隔を空けておくとよい。

ポイント▼お子さんと一緒にやると楽しい！d

❺電子レンジで温める。時間は、600Wで1～2分間（合計）。

ポイント▼電子レンジの中を常に見ておく。メレンゲは、熱が入ると膨らむので、途中でレンジを止めて皿の向きを変えて、均等に膨らむようにする。目安は、触って弾力があり、指にくっつかない状態。e

❻⑤にラップをふんわりかけて、冷蔵庫で冷やす。

カラメルソース

ポイント▼メレンゲを冷やしている間に作る。

❶鍋に大さじ2の砂糖を入れ、砂糖全体が濡れるくらいの水をたらす。

❷①を強火にかけ、薄茶色に色づいたら火を止める。

❸鍋を回しながら、余熱で仕上げる。焦げそうなら、鍋を濡れふきんにのせて冷ます。f

仕上げ

❶深めの皿に、しっかり冷やしたカスタードソースを注ぎ、その上にメレンゲを〝島〟のようにのせる。

❷カラメルソースをかければ完成。

ポイント▼アクセントとして、歯ごたえのあるナッツやグラノーラなどをトッピングしてもOK。

プロフェッショナルからひとくちメモ

フランスでよく食べられているデザート。簡単にできるので、ぜひ作ってみてください。

アイオリソースで野菜も魚も

材料

好みの生野菜（キュウリ、レタス、セロリ、アボカド、ミニトマトなど）

好みのゆで野菜（インゲン、ブロッコリー、オクラ、アスパラガス、レンコン、ゴボウなど）

好みの魚介類（エビ、塩だら、イカ、サーモン、シーフードミックス、貝類など）

ゆでタマゴ

塩…適量

※お好みでハム、ソーセージなど

ソースの材料

卵黄…1個

レモン果汁…½個分（酢や柑橘酢でも可）

ニンニク…½かけ（お好みで）

オリーブオイル（サラダ油でも可）…100〜150㎖（かたさを見て調節）

塩…ふたつまみ

こしょう…適量

作り方

❶野菜を好みの大きさに切る。

❷鍋に湯を沸かし、塩を少量加える。魚介類を入れて再び沸騰したら火を止め、余熱で火を入れる。

ポイント▼魚介類は、ざるに上げてしまうと中の水分が抜けてパサつくので、そのまま湯に入れた状態で冷ます。a

❸別の鍋に湯を沸かして、野菜を2分程度強火でゆでる。

ポイント▼野菜をゆでる場合は、塩は不要。野菜はかたいものから順に入れる。

❹③をざるに取り（陸上げ）、冷ます。

ポイント▼野菜も余熱で仕上げる。重ならないように広げて、熱を飛ばすと、水っぽくならず、色もきれい。b

❺食材を冷ましている間にアイオリソースを作る。ボウルに卵黄1個、レモン果汁、すりおろした二

b

a

ンニク、塩ふたつまみ、こしょうを入れ、よく混ぜる。

ポイント▼レモンの皮は、厚みに個体差があるので、かたい場合には切る前に体重をのせて押しておくと、搾りやすくなる。 c

ポイント▼油を加えると塩が溶けにくくなるので、この段階でレモン果汁と卵黄に塩をしっかりと溶かす。ドレッシングを作る時も同様。 d

❻ ⑤にオリーブオイルを少しずつ加えながら、泡立て器でよく混ぜ合わせる。

ポイント▼最初は少しずつ油を入れて、しっかりと乳化させる。乳化してきたら油を多めに入れてOK。 e

❼ ゆでた野菜と魚介類を、生野菜やゆでタマゴと一緒に大きな皿に盛り付けたら完成。ソースをディップして食べる。

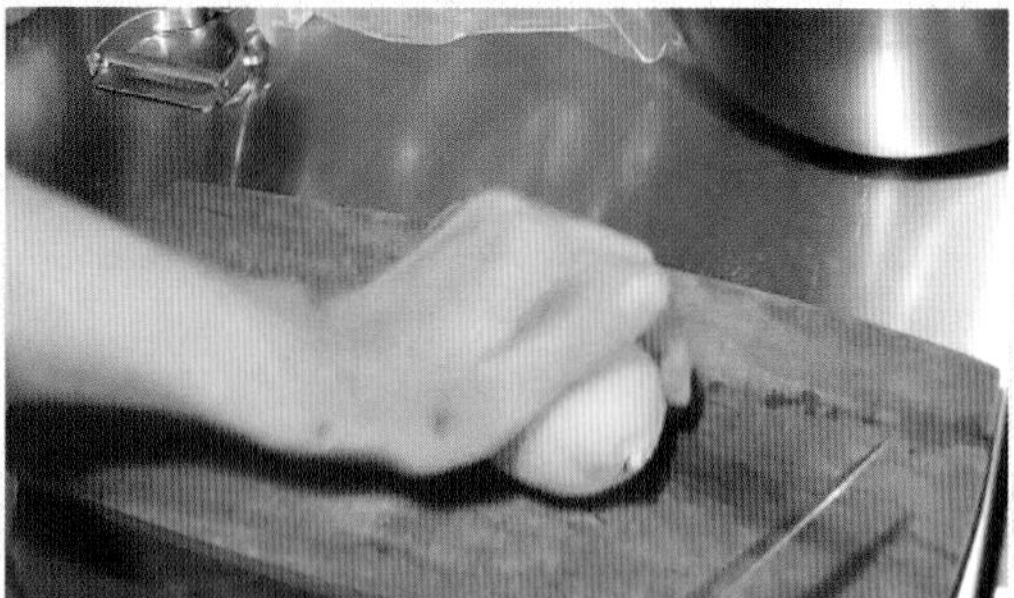
c

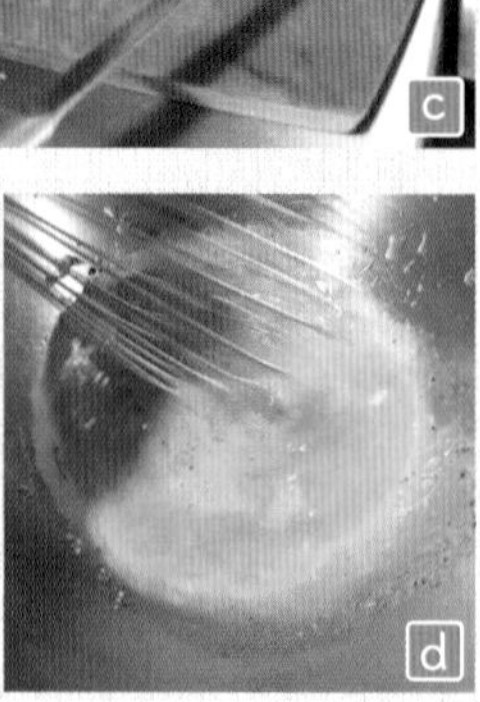
d

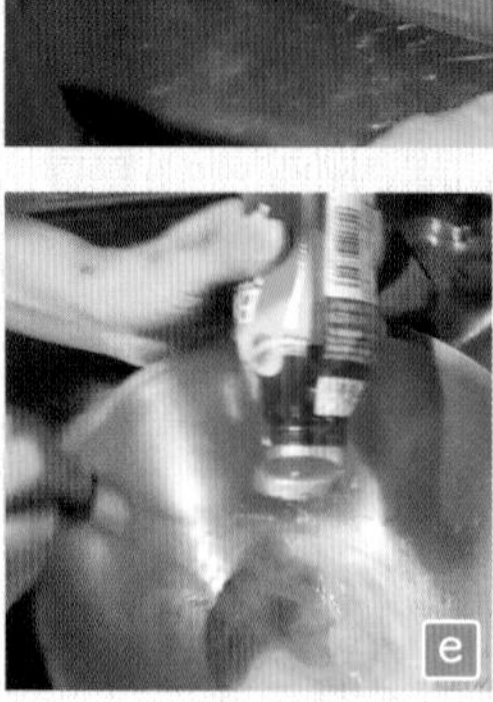
e

プロフェッショナルからひとくちメモ

フランスの南部で、メインディッシュとして食べられているお料理。みんなでワイワイ言いながら、ディップして好きなものを食べます。ふだんあまり食べない野菜があれば、この料理で摂ってみてはいかがでしょう。

あき時間で鶏の赤ワイン煮

材料（3〜4人分）

鶏の手羽元…6〜8本
鶏モモ肉（ムネ肉でも可）…2枚
ニンジン（小）…1本
タマネギ…小2個
マッシュルーム（しいたけ、しめじなど、ほかのキノコでも可）…2パック
ベーコン…お好みで
赤ワイン（重めのもの、安いもので可）…フルボトル1本（750㎖）
水…200㎖

コンソメキューブ…1個
塩…適量
こしょう…適量
小麦粉…大さじ2
サラダ油…大さじ2
ハチミツ（砂糖でも可）…小さじ1〜大さじ1
ゆでたパスタ…適量
ジャガイモのピュレ（19ページ参照）…適量
※お好みでタイム、ローリエなどのハーブ

作り方

❶鶏モモ肉の水分をとって、大きめに切る。

ポイント▼モモ肉1枚を、5等分にするぐらいに切る。小さく切ると出来上がりがパサつき、煮崩れしやすくなるので注意。a

❷まな板やバットに塩、こしょうをふり、そこに鶏モモ肉をのせる。さらに上から、塩、こしょうをふる。

ポイント▼ここでふる塩は、後々ソースの塩気につながるので、たっぷりとふってよい。

❸鶏モモ肉にとろみをつけるために、小麦粉をまぶし、深めのフライパンに油（大さじ1）をひき、強火で焼く。

ポイント▼小麦粉は焦げやすいので、油は多めに。火力は、「パチパチ」「ジューッ」と肉が焼ける音が聞こえるぐらい強くする。

❹全体にうっすら焼き色がついたらb、ボウルにとる。

a

b

c

d

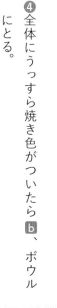

ポイント▼煮る前に焼くことで、肉のうまみを閉じ込める。

❺手羽元も、モモ肉と同様に焼き、④のボウルにとる。

ポイント▼鶏肉は、骨つきのほうがうまみやゼラチン質が出て、煮崩れもしにくいので、モモ肉と一緒に使う。

❻野菜・マッシュルーム（キノコ類）も大きめに切り、先ほど使ったフライパンで炒める。

ポイント▼ここでベーコンを入れると、より風味が豊かになる。 c

❼⑥に、先ほど焼いた肉を加える。肉を入れていたボウルに水を入れ、ボウルに残った塩分ごと、フライパンに注ぎ入れる。

❽強火にして、赤ワイン1本を加える。

ポイント▼ワインは、軽めのものだと煮詰めても味に深みが出ない。

❾沸騰したらすぐにアクをとり、弱火～中火にする。コンソメとお好みでハーブを入れる。

❿フライパンにフタをする。その際、フタをずらして少しすき間をあけ、40～45分間煮込む。

ポイント▼味見をして、少し酸味が強いようなら、ハチミツ・砂糖などで甘みを足す。これにより酸味が落ち着く。 d

⓫皿にパスタやジャガイモのピュレを盛り、その上に⑩の肉などの具材を盛り付ける。仕上げにフライパンに残ったソースをかけたら完成。

プロフェッショナルからひとくちメモ

最後に火にかけたら、煮えるまでのあき時間にお仕事や用事を済ませてしまい、晩ごはんはゆっくり食べていただければと思います。

3分でできる絶品チョコもち

材料
もち…1個
板チョコレート
（ブラック。ミルクチョコでも可）…2〜3かけ

作り方

❶クッキングシートや皿にもちをのせ、電子レンジ（600W）で1分ほど温める。

ポイント▼もちが膨らんで、全体がやわらかくなるまで加熱する。時間はもちの状態を見て調整。

❷もちを押し広げて、チョコを詰める。

ポイント▼チョコを入れすぎると包めなくなるので注意。

❸もちのへりをくっつけ合わせて、チョコを包み込む。

ポイント▼四角いもちの場合は、4つの角をくっつけるように包む。a

❹もちをひっくり返し、形を整えて電子レンジで10秒ほど温める。

ポイント▼再加熱することで、中のチョコレートをトロトロに溶かす。

❺できたては熱いので、少し冷ましてから食べる。

ポイント▼時間をおきすぎるとかたくなるので、もちが伸びるうちに食べる。

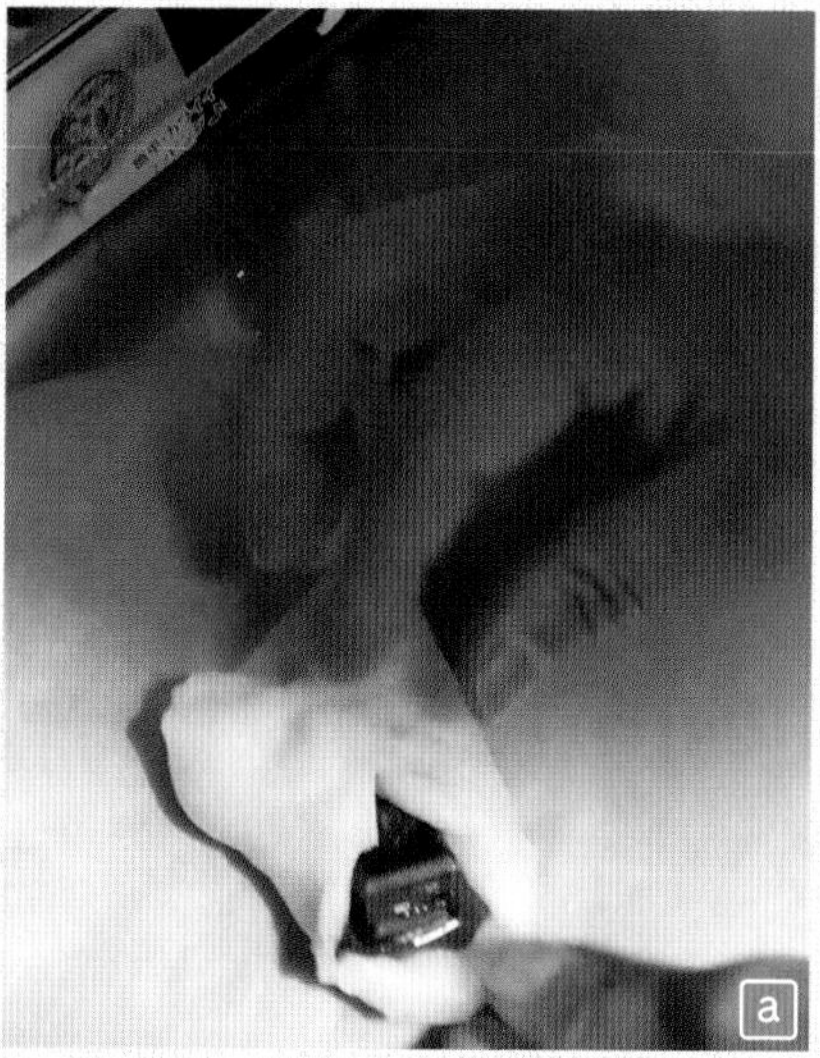
a

プロフェッショナルからひとくちメモ

チョコの代わりに、ピーナッツバター、ハチミツなど味の濃いものを入れても、おもちに合います。

島田良彦

SHIMADA Yoshihiko

白洲次郎をはじめ多くの文化人が愛した味

大人気のトンカツはいかに作られるのか？ 東京・上野で115年続く老舗洋食店の4代目・島田良彦に番組が密着。

明治38年にできたその店は、瞬く間に人気を博し、文化人も数多く訪れる東京きっての名店となった。島田が店を継いで20年。カツレツだけでなく、タンシチューにエビフライ、そして、ポークソテー……。手がける料理は、極上にしてどこか懐かしい。

池波正太郎や白洲次郎など、多くの文化人が愛した味には秘密があった。豚肉は産地やブランドを固定せず、その日の最もいいものを厳選。タンシチューのデミグラスソースは木ベラで小麦粉とバターを混ぜ、20日がかりで作る。手間暇惜しまぬ姿勢の原点にあった、亡き父との約束が番組で明かされた。

そんな島田が、リモートで、自宅でできる簡単・絶品レシピを大公開。

PROFILE & DATA

明治38（1905）年の創業以来、川端康成などの文豪をはじめ、多くの著名人に愛されてきた東京・上野の洋食の名店「ぽん多本家」の4代目店主。

『ぽん多本家』

〒110-0005　東京都台東区上野3-23-3

TEL 03-3831-2351　https://g608200.gorp.jp/

NHK プロフェッショナル 仕事の流儀「ぶれず、おごらず、侮らず ～洋食店主・島田良彦～」2020年7月14日放送

NHKオンデマンドで見られます

家で作れる本格ひとくちカツ

材料
豚ロース肉…約200g
小麦粉…適量
生パン粉…適量
卵…3個
サラダ油…適量
塩…適量
こしょう…適量
しょうゆ…小さじ1
キャベツ…およそ1/8個

作り方

トンカツ

❶豚ロース肉の赤身と脂身の境目に包丁を入れ、赤身と脂身に切り分ける。a 脂身は取っておく。

❷赤身の端の数カ所に包丁で切れ目を入れ、肉たたき（なければビール瓶などで代用）でたたき、繊維をほぐす。

❸塩、こしょうをふりかけ、ひとくちサイズに切る。

❹肉に小麦粉をまぶし、溶いた卵を絡ませる。次にパン粉をつけボール状に丸める。

ポイント▼小麦粉はまんべんなくつけることで、卵とパン粉が全体に絡む。肉がひとくちサイズなので、薄衣にすると、肉と衣のバランスがよい。b

❺フライパンに油を注ぎ、中火で加熱する。パン粉を落としてゆっくり浮かんでくるのを見計らい（約140℃）、④を入れる。

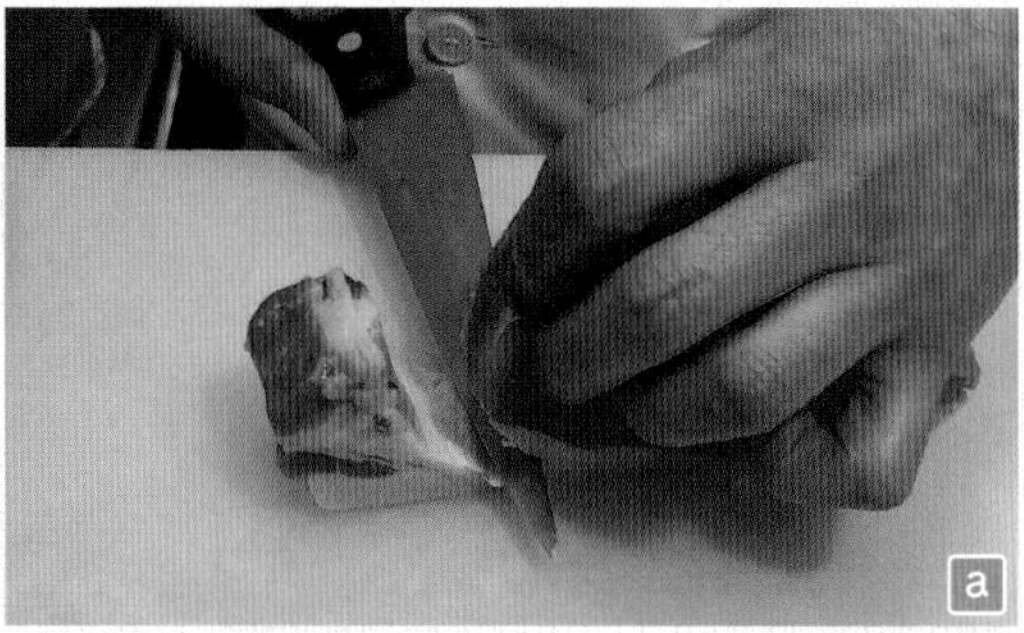
a

b

c

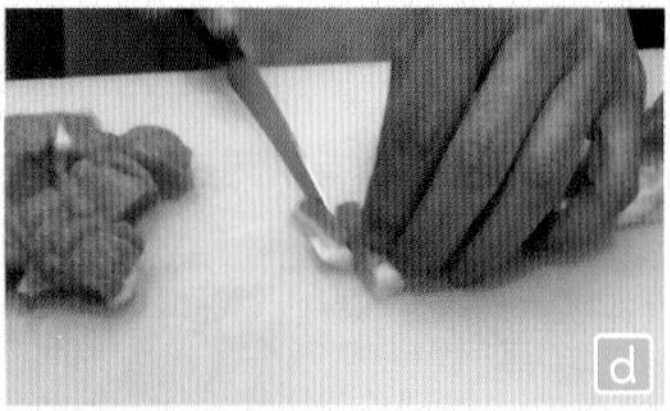
d

e

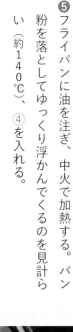

ポイント▼油の量は、カツの上半分が出る程度を目安に。c

❻ときどき裏返しながら、2分くらい揚げる。

ポイント▼火加減は中火のまま変えない。無理に温度を上げると焦げてしまうことも。

❼最初は大きかった泡が小さく（1㎝くらい）なったら火が通った証拠。油から取り出す。

付け合わせの脂身焼き（**バラさき**）

❶切り分けた豚ロース肉の脂身を、厚さ1㎝程度に切る。d

❷フライパンに油をひかずに弱火で火をつけ、すぐに①を入れ、焦がさないように焼く。

ポイント▼脂身から油が出てくるので、キッチンペーパーでふき取りながらじっくり焼いていく。e

❸焼き上がったら火を止めて、フライパンから取り出す直前にしょうゆを入れ、味を調える。

キャベツの千切り

❶キャベツの芯を取り除く。

❷葉を一枚一枚丁寧にはがす。

ポイント▼洗うとキャベツ本来の香りや養分が損なわれてしまうため、汚れが付着している時は、なるべく洗わずにキッチンペーパーなどでふき取る。

❸葉についた芯を包丁で切り離し、葉脈を同じ方向にそろえて巻く。

ポイント▼繊維に対して垂直に切ると、風味や甘みが損なわれず、食感が統一される。

❹③を千切りにする。

プロフェッショナルからひとくちメモ

脂の部分を外し、赤身だけで作るぜいたくなカツです。料理で大切なのは、一生懸命作ること。そして、召し上がる方が、ありがたくいただくことだと思います。

野菜のプロフェッショナル

杉本晃章

SUGIMOTO Teruaki

眼力と圧倒的な知識で極上の野菜だけを選ぶ

東京の下町・北千住に「おいしい野菜を日本一知る八百屋」と称される男がいる。青果店店主・杉本晃章。驚異の眼力と圧倒的な知識によって選び抜かれた極上の野菜や果物を求めて、わずか15坪の店に客が連日押し寄せる。

杉本が最も力を注ぐのが、「仕入れ」。毎朝通う青果市場には、全国から毎日120種類、600トンに及ぶ膨大な品物が集う。ここからいい野菜だけをいかに仕入れるか。杉本はその目利きの鋭さから日本一と称される。

杉本の商いに貫かれているのは「攻め」の流儀。自家製漬け物やきんぴら用ゴボウの千切りなど、ヒット商品を連発。街の青果店が次々に姿を消す逆境の時代を生き抜いてきた。人生を野菜に捧げたガンコオヤジの情熱に番組が密着した。

そんな杉本が、リモートで、自宅でできる簡単・絶品レシピを大公開。

PROFILE & DATA

1950年創業の「杉本青果店」の2代目店主。野菜ひと筋50年以上。店頭に立つ傍ら、全国の農協や大手小売店、学校などで野菜をテーマに講演活動を行っている。

『杉本青果店』

〒120-0026　東京都足立区千住旭町13-10

TEL 03-3881-3216

NHKプロフェッショナル 仕事の流儀「度胸で仕入れ、情熱で売る ～青果店店主・杉本晃章～」2015年7月13日放送

NHKオンデマンドで見られます

絶品！新キャベツのもみ漬け

材料

新キャベツ…1玉　ニンジン…½本
春カブ…2個　粗塩…野菜全体の重さ
キュウリ…2本　の2％分

作り方

❶キャベツの芯を取り除いて大きめに切り、ざる（ボウル状）に移す。葉のかたい部分はその都度取り除く。42ページ a

ポイント▼塩漬けにするとボリュームが1/5～1/8まで減るので、大きめ（例：半分を8つ程度）にザクザクと切る。

❷春カブは茎を10㎝程度残して葉先を切り落とす。皮をむいて5㎜程度の薄切りにし、ボウルに移す。

ポイント▼ボウルは、中でキャベツをもむため、できるだけ大きなものを使う。

❸キュウリ、ニンジンも薄切りにし、②のボウルに入れる。

❹野菜全体の重さの2％（例：野菜全体が2kgなら40g）の粗塩を用意する。

❺春カブ・キュウリ・ニンジンが入ったボウルに塩の半分を入れ、よくもむ。

❻ボウルにキャベツの半分と、残った塩の半分を加え、再びもむ。

❼もんでボリュームが減ったら、残りのキャベツと、残りの塩を入れて、さらにもむ。b

ポイント▼キャベツがボウルに入りきらないようなら、ざるの中で塩をかけてもみ、ボウルに移す。

❽ボウルにラップをかけ、4～5時間漬けおく。ボリュームが減り、野菜から水気が出てしっとりしたら食べごろ。

ポイント▼暑い季節は、野菜室に入れて保存する。

a

b

プロフェッショナルからひとくちメモ

キャベツは色ではなく、形が大事。葉があまり巻きついていないもの、芯が小さめのものを選んでください。粗塩の量を4％分にして漬けたあとに、水に浸して塩分を抜く「塩出し」をする作り方もあります。

中華料理のプロフェッショナル

古田 等

FURUTA Hitoshi

独創的な料理でプロからの注目も集める

国内外の名料理人や食通から注目を集める中華料理人・古田等。アユやキャビアなど、さまざまな食材を駆使し、独創的な料理を生み出し続ける。

都会の有名店での修業経験はなく、故郷・岐阜で独り、料理と向き合い続けてきた。キャリアのなさがコンプレックスだったが、自分の小さな店で、努力を重ねてきた結果たどり着いた境地、「僕は、僕でいいんだ」。修業経験がないことも

「自分らしさ」の一つと捉え、枠にとらわれない大胆な発想を最大の武器としている。すべての料理に通底する思想が「伝統の美味の、さらに上へ」。常に、既存の料理を超える味を目指し、新しい味を生み出す。番組では、これまで扱ったことがない特別な食材を使った「新しい味作り」に挑戦する古田に密着した。

そんな古田が、リモートで、自宅でできる簡単・絶品レシピを大公開。

PROFILE & DATA

専門学校卒業後にアルバイトしていた中国料理店が閉店し、22 歳の若さで地元・岐阜市内に「開化亭」をオープン。2014 年「開化亭」を長男に任せ、銀座 1 丁目に自らの名を冠した「Furuta」を開業。

『Furuta』

〒 104-0061　東京都中央区銀座 1 丁目 21-14

TEL 03-3535-5550

NHKプロフェッショナル 仕事の流儀「意志あるところに、道は拓ける ～中華料理人・古田等～」2011 年 3月7日放送

家族をつなぐパラパラチャーハン

材料（1人分）
ごはん… お茶わん1杯分
卵… 1〜2個
サラダ油… 適量
しょうゆ… 適量
塩、こしょう… 適量

具材
ゆでたグリーンピース、ソーセージ、ピーマン、ニンジン、長ネギなど… 適量
※お好みでカレー粉

ポイント▼
チャーハンに合わない具材はほとんどないので、冷蔵庫の中の残り物、たとえば、漬物や梅干し（ともに刻んで）、ちりめんじゃこ、サバ缶（少量）、塩鮭の皮（刻んで）、はんぺんなどを入れてもおいしい。卵とごはんだけでもおいしく作れる。

作り方

❶グリーンピースの大きさに合わせ、具材を小さく均等に切る。ニンジンは皮ごと切る。長ネギはみじん切り。

ポイント▼具材のサイズを均等にそろえると、見た目がきれいになるだけでなく、野菜嫌いの子どもも食べやすくなる。a

❷ボウルにごはんと卵を入れ、卵ごはんを作る要領で、よく混ぜ合わせる。

ポイント▼パラパラに仕上げるために、米粒に卵液をしっかり絡める。

❸②にしょうゆ、塩、こしょうを適量加える。

ポイント▼この時点で味をつけてしまう。基本は〝塩〟で味を調える。しょうゆは入れすぎると色が濃くなり、焦げやすくなるため少量に抑える。

❹③に、切りそろえた具材を入れてかき混ぜ、チャーハンの種が完成。b

ポイント▼具材を細かく切っておくことで、ごはんと同時に炒め始めても火が入りやすくなる。

❺ホットプレートに少量のサラダ油をたらす。火は強火から始める。

❻ホットプレートに④をのせ、ヘラで具材を切る

a

b

ように炒める。c

⑦米粒についた卵液が乾きパラパラになるまで、根気よく気長に炒める。d

ポイント▼カレー粉を加えて、ドライカレー風味にすることもできる。

完成したチャーハンを使ってオムライスにアレンジすることも！

作り方

追加する具材

卵…2個、水溶きかたくり粉…適量、トマトケチャップ…適量、サラダ油…適量

①卵を2個ボウルに入れ、かくはんする。

ポイント▼ボウルに水溶きかたくり粉を少しだけ入れると、焼き上がったあとの形が崩れにくくなる。

②強火にしたホットプレートにサラダ油をひき、溶いた卵を入れる。

③ヘラを使って卵の形を整えていく。

ポイント▼半熟だと形が崩れやすくなるため、しっかりと焼く。

④焼けた卵を、チャーハンの上にのせたり、包んだりして、ケチャップをかける。e

c

d

e

プロフェッショナルからひとくちメモ

ホットプレートを使って簡単に作れるチャーハン。お店で出されるのとそん色ないくらいに仕上がるので、ご家族で食卓を囲んでぜひ試してみてください。

くずきり
ココナッツミルク

材料

シャインマスカット、完熟マンゴー（スイカ、桃などお好みのフルーツでも可）… 適量

くず粉（かたくり粉でも可）… 適量

ココナッツミルクのソース

牛乳 … 50㎖

ココナッツミルク … 大さじ1

生クリーム … 大さじ2

ハチミツ … 大さじ1

作り方

ココナッツミルクのソース

牛乳、ココナッツミルク、生クリーム、ハチミツを混ぜて冷蔵庫でしっかりと冷やす。

ポイント▼甘さは好みに応じて加減する。

フルーツ

お好みのフルーツを均等のサイズに切り、冷蔵庫に入れておく。a

くずきり ＊フライパンで作る場合

❶大きめのボウルに氷水を用意する。

❷別のボウルを使い、くず粉を、1・5倍の水で水溶きにする（かたくり粉の場合、水の量は2倍で）。小さめのフライパンに、溶いたくず粉を流し込む。

❸鍋に湯を沸かし、②のフライパンを浮かべて温める。b

❹少し固まってきたら、フライパンごとお湯に浸

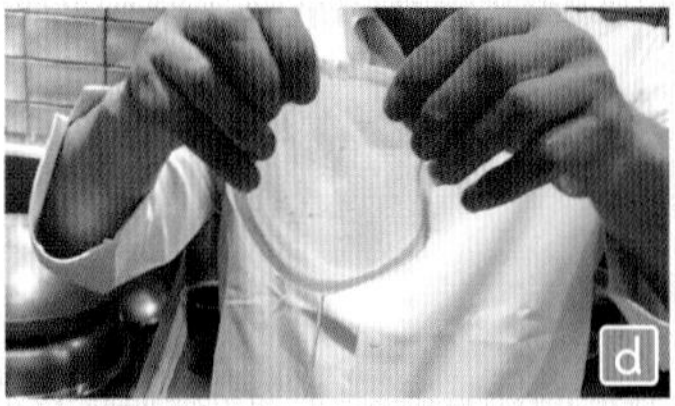

して、生地が透明になるまでゆでる。c

❺④のフライパンごと①の氷水の中に沈めて冷やす。氷水の中でフライパンから生地を外し、しっかり冷やす。

ポイント▼出来上がりの厚さが2㎜くらいになるようにフライパンに入れる量を調整する。d

くずきり ＊ボウルで作る場合

❶フライパンで作る場合の②の割合で溶いたかたくり粉（くず粉でも可）を手のひらで軽く3つまみほどボウルに入れる。

❷ボウルを、コンロで沸騰させたお湯に浮かべ、素早く回転させる。e

ポイント▼そのままだと生地が厚くなるため、ボウルを回し、遠心力で広げて薄くする。

❸少し固まってきたら、ボウルごとお湯に沈めて透明になるまでゆでる。＊やけどに注意。

❹生地が透明になったら、ボウルごと氷水に沈め、しっかり冷やす。

❺氷水の中でボウルから生地を外し、さらに冷やす。

仕上げ

❶よく冷やした器に、カットしたフルーツを盛り付ける。

❷固めた「くず」を、きしめん程度の幅に切り、「くずきり」にする。

❸①の上に②をのせる。

❹仕上げにココナッツミルクのソースを回しかければ完成。

プロフェッショナルからひとくちメモ

夏のフルーツを使ったデザート。ココナッツミルクの代わりに、黒糖を使ったソースでもおいしくできると思います。

お好み焼きのプロフェッショナル

市居 馨

ICHII Kaoru

キャベツの甘みを極限まで引き出す職人技

広島が誇るソウルフード・お好み焼きで「当代屈指」と評される職人・市居馨。専門店として初めて有名グルメガイドに掲載されるなど、市居が作るお好み焼きは「B級グルメを超えた」と評判だ。

おいしさの秘密は、キャベツの甘みを極限まで引き出す技術。キャベツは物によって水分量も葉のかたさも異なるため、包丁の感触を頼りに切る幅を変える。そして、市居が20年かけて編み出した独特の焼き方。ハイスピードカメラなどを駆使し蒸気を巧みに操る職人技を解明する。

市居の人生は平坦ではなかった。何事にも本気になれず、大きな夢も持てなかったが、29歳の時、人生が思わぬ方向に進み出す。飲食業界が苦境にある今だからこそ響く自称「お好みバカ」の生きざまに番組が密着した。

そんな市居が、リモートで、自宅でできる簡単・絶品レシピを大公開。

PROFILE & DATA

広島市のお好み焼き専門店「いっちゃん」店主。32歳でお好み焼き職人として修業を始め、2003年、48歳の時に「いっちゃん」をオープン。13年にはお好み焼き専門店として初めて『ミシュランガイド広島版』に掲載された。

『お好み焼き　いっちゃん本店』

〒732-0052　広島県広島市東区光町1－6－30

TEL 082-567-6776　twitter.com/icchanekie

NHKプロフェッショナル 仕事の流儀「たかがお好み焼き、されどお好み焼き ～お好み焼き職人・市居馨～」
2020年6月30日放送

NHKオンデマンドで見られます

ホットプレートでも失敗しないお好み焼き

材料

生地（4～5枚分）

薄力粉…100g

牛乳…250㎖

塩…ひとつまみ

卵…1個

具（1枚分）

キャベツ…250g

粉がつお（魚粉でも可）…ひとつまみ

天かす…5g

モヤシ…40g

豚バラ肉（薄切り）…2～3枚

中華麺…1玉

卵…1枚につき1個

お好み焼きソース…適量

青のり粉…適量

サラダ油…適量

作り方

❶ボウルに薄力粉を入れ、牛乳を少しずつ加えて泡立て器で混ぜ合わせる。

ポイント▼牛乳を入れることで、生地がとても伸ばしやすくなる。a

❷続いて、塩、卵を入れて泡立て器でダマをほぐすように混ぜ合わせ、30分ほど休ませる。

ポイント▼塩、卵によっておいしさが増し、プロと同じレベルの生地ができる。

❸キャベツの葉を1～2㎝幅に千切り。芯は約7㎜で千切りする。

ポイント▼焼き上がり時の食感を統一するために、やわらかい葉は幅広く、かたい芯は少し細めに切る。

❹160℃に温めたホットプレートに、②の生地をおたまで素早く直径20㎝ほどに広げる。b

ポイント▼160℃より温度が高いと、生地がうまく

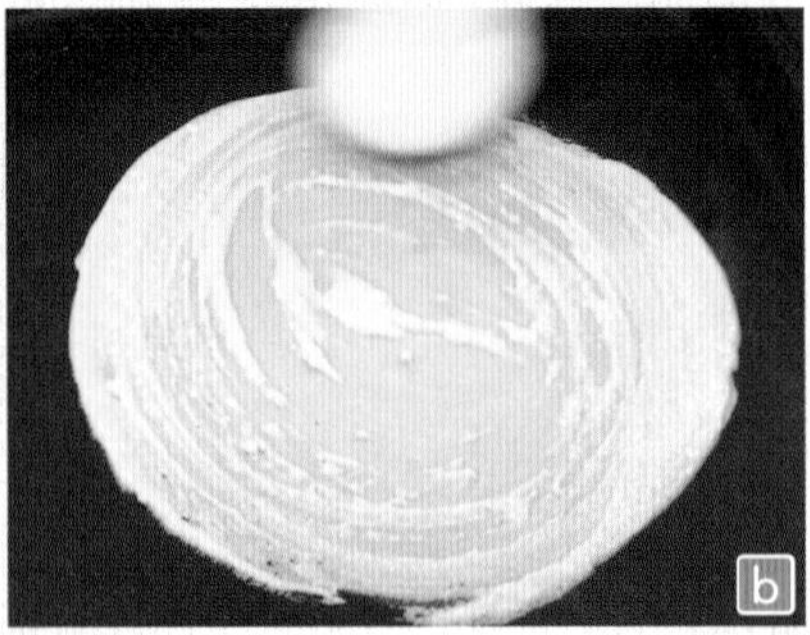

郵便はがき

105-0003

切手を
お貼りください

（受取人）
東京都港区西新橋2-23-1
3東洋海事ビル
（株）アスコム

NHKプロフェッショナル 仕事の流儀
プロのおうちごはん

読者　係

本書をお買いあげ頂き、誠にありがとうございました。お手数ですが、今後の出版の参考のため各項目にご記入のうえ、弊社までご返送ください。

お名前	男・女	才
ご住所　〒		
Tel	E-mail	
この本の満足度は何％ですか？		％
今後、著者や新刊に関する情報、新企画へのアンケート、セミナーのご案内などを郵送またはE-mailにて送付させていただいてもよろしいでしょうか？ □はい　□いいえ		

返送いただいた方の中から**抽選で5名**の方に
図書カード5000円分をプレゼントさせていただきます。

当選の発表はプレゼント商品の発送をもって代えさせていただきます。
※ご記入いただいた個人情報はプレゼントの発送以外に利用することはありません。
※本書へのご意見・ご感想およびその要旨に関しては、本書の広告などに文面を掲載させていただく場合がございます。

●本書へのご意見・ご感想をお聞かせください。

ご協力ありがとうございました。

伸びないので注意。

❺すぐに温度を250℃に上げて、粉がつお（または魚粉）をふりかけ、キャベツをやさしくふわっとのせる。 c

ポイント▼キャベツとキャベツの間にすき間を作ることで蒸気の通り道ができ、早く焼ける。さらにキャベツの甘みも引き出せる。

❻⑤に天かす、モヤシ、豚バラ肉をのせ、1分ほど焼く。

ポイント▼プレートのあいている部分に水をたらし、ジュっという高い音がしたら、プレートの温度が上がって焼けたサイン。 d

❼2本のヘラを使い、片方のヘラで端を押さえ、そこを支点にしてもう一方のヘラでやさしく裏返す。 e 5分ほど焼く。

ポイント▼キャベツから出る蒸気を逃がさないよう、できるだけ触らないで我慢強く待つこと。

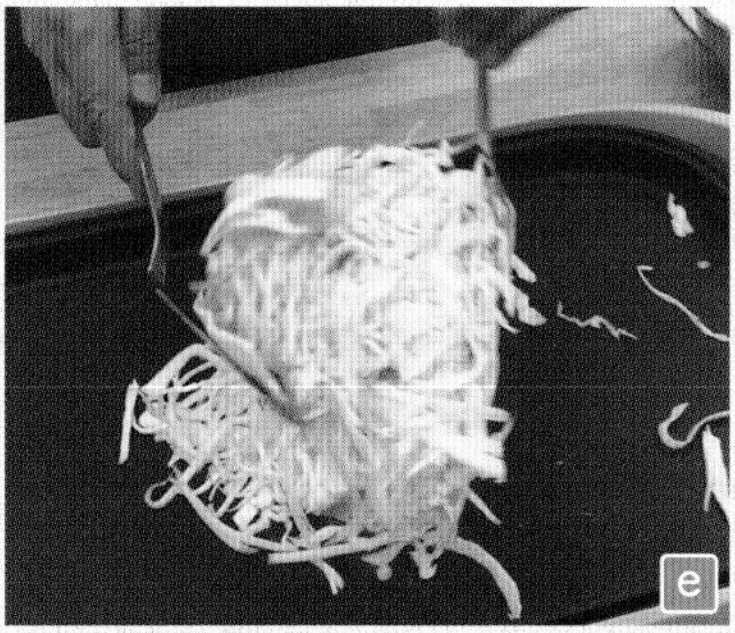

周りのキャベツが焦げてきたら、それを生地の下に入れ込むようにする。

❽ヘラで生地の中心を上から押して抵抗感なく下がったら、キャベツが十分に蒸せている目安。

ポイント▼春キャベツや寒玉などキャベツの種類によって、最適な蒸し時間も変わる。そのことを考慮せずに仕上がりを判断できる手段がこれ。 f

❾プレートのあいているスペースに、ゆでた中華麺（袋入りの焼きそばを使う場合、少し水をかけてほぐしながら軽く炒める）をのせ、円状に広げる。麺の上からサラダ油を少量たらし、しばらく置く。g

❿⑨の上に、お好み焼きをのせる。

⓫ホットプレートのあいているスペースに卵を割って崩し、ヘラでお好み焼きと同じ大きさに広げ h、⑩をのせる。

⓬ヘラで軽く押し、ジュッという音がしなくなったら卵が焼けた合図なので裏返す。

⓭プレートの上でヘラを使って切り分けて皿に盛り、お好み焼き用ソースをかけ、青のり粉をふって完成。

プロフェッショナルからひとくちメモ

「生地をのばすのが難しい」とみなさんおっしゃいますが、粉を牛乳と卵で溶いて、最初に低い温度でのばせば誰にでもできます。お子さんにもできるので、ご家族それぞれで焼いて、食べくらべるのは食育にもピッタリ。ぜひ試してみてください。

カレーのプロフェッショナル

植竹大介

UETAKE Daisuke

生み出したカレーレシピは20年で1000以上

日本人が愛してやまないカレー。今、カレーの新定番として注目されるのが、何十種類ものスパイスを駆使して作るスパイスカレーだ。

カレー料理人・植竹大介は、その人気を牽引《けんいん》する1人。スパイスカレーの激戦区・大阪で名を挙げ、東京に乗り込んできた。

これまで生み出したオリジナルカレーは、20年で1000を超える。意外な食材とスパイスを組み合わせて、どこにもない味を作り出す。植竹の店には、決まったメニューは一切ない。月替わりや日替わりのカレーで客の心をつかむ。

寝ても覚めてもカレー一本槍《やり》の植竹には、カレーに救われた壮絶な人生があった。独学でカレー作りを突き詰めてきた植竹の、カレー哲学に番組が密着した。

そんな植竹が、リモートで、自宅でできる簡単・絶品レシピを大公開。

PROFILE & DATA

「旧ヤム邸」オーナーシェフ。2011年大阪・谷町6丁目に「カレーとくつろぎ 旧ヤム邸」をオープン。その後、中之島、梅田にも出店し、17年東京での1号店を下北沢に開店。20年6月には六本木店がオープン。

『ヤミーズ 旧ヤム邸 六本木ヒルズ店』

〒106-0032　東京都港区六本木6-2-31 六本木ヒルズ ノースタワー B1F

TEL 03-6271-5553　twitter.com/kyu_yamutei

NHKプロフェッショナル 仕事の流儀「王道×革新、2人のカレーSP」2019年4月23日放送

NHKオンデマンドで見られます

気持ちアップ スパイスカレー

材料（2〜3人分）

カレー

ツナ缶（油が入っているタイプ）…1缶
ニンニク（チューブタイプで可）…およそ20g
ショウガ（チューブタイプで可）…およそ20g
カットトマト缶…1缶
カレー粉…大さじ2
粉末クリーム（コーヒー用。生クリームでも可）…適量
甘酒…約150㎖
レンコン（皮付き）…適量
サラダ油…適量
ごはん…適量
塩、こしょう…適量

キャベツのマリネ

キャベツ…½個
すし酢…適量
塩…適量
こしょう…適量
ターメリックパウダー…適量

作り方

❶ツナ缶の油のみ、フライパンに入れる。
❷サラダ油を少量追加し、中火で加熱する。
❸ニンニク、ショウガを加える。a 焦げやすいので、一旦、火を止め余熱で炒める。
ポイント▼ツナ缶の油は飛びやすいので要注意。撮影時は結構、油が飛びはねたので、逃げているところです（笑）。b
❹カレー粉を大さじ2加える。
❺レンコンを薄めのイチョウ切りにする。
ポイント▼皮に栄養があるので、皮付きがオススメ。c
❻レンコンを加えて再び火をつけ、カレーを絡めるように弱火で炒める。d
好みで塩、こしょうをふる。
ポイント▼オイル感が足りないと思ったら、少量のサラダ油を加える。

❼トマトを入れて火を少し強くして炒め、水分が飛んできたと感じたら甘酒を加え、炒める。e

❽ツナと粉末クリームを入れ、しばらく煮込み、カレーにとろみがついたら完成。

ポイント▼クリームを入れることで味がまろやかになり、コクが出る。

❾カレーを煮込んでいる間に「キャベツのマリネ」を作る。キャベツをザク切りにする。

❿キャベツをビニール袋に入れ、すし酢を適量入れる。

⓫ターメリックパウダー、塩、こしょうを適量入れ、軽くもむ。f

ポイント▼キャベツのシャキシャキした食感を楽しむために、もみすぎないようにする。

⓬ごはんにカレーをかけ、カレーの上にキャベツのマリネをのせて完成。

プロフェッショナルからひとくちメモ

このカレーの主役は、ツナ缶・甘酒・レンコンです。ターメリックパウダーも〝キーパーソン〟。

カレーとごはん、キャベツのマリネを混ぜながら食べるとおいしいです。

パンのプロフェッショナル

竹内久典

TAKEUCHI Hisanori

新しい、どこにもないパンを生み出し続ける

常識破りといわれる材料・製法で作られた、絶品モチモチしっとり食パン。ふわっふわサックリの驚がくメロンパン。料理業界でも「ほかで食べたことがない」と絶賛される。パン職人・竹内久典が作る独創的なパンを求め、山あいの店に連日人々が殺到する。

竹内はかつて日本一に輝いたパン屋のオーナー。だが、絶頂の最中、店を閉じた。その後、3年の沈黙を破って再スタート。「新しい、どこにもないようなものを生み出したい」と竹内は言う。そこには、金儲けだけを求めた苦い記憶から生み出された、魂の流儀があった。パンに人生を掲げた波乱に満ちた物語である。

酷暑となった夏、予想外の事態を乗り切るための「どこにもない」パン誕生の裏側に番組が密着した。

そんな竹内が、リモートで、自宅でできる簡単・絶品レシピを大公開。

PROFILE & DATA

製パンの専門学校を卒業後、ベーカリーやパティスリーでの勤務を経て、2000年大阪に「ブランジュリ タケウチ」をオープン。16年1月、現在の「生瀬ヒュッテ」を開業。

『生瀬ヒュッテ』

〒669-1101　兵庫県西宮市塩瀬町生瀬1285-221

TEL 0797-24-2712　※現在は電話受付による通信販売のみ。

NHKプロフェッショナル 仕事の流儀「僕のパンは、まだおいしくなる ～パン職人・竹内久典～」2016年10月24日放送

NHKオンデマンドで見られます

看板メニューのホットサンド

材料

3種チーズのホットサンド

食パン、カンパーニュのなどスライス… 4枚（サンドイッチにできるパンなら何でも可）

クリームチーズ・ゴーダチーズ・モッツァレラチーズ（ミックスチーズやピザ用チーズでも可）

コルニッション（小キュウリの酢漬け。マスタードやピクルスでも可）

バター

黒こしょう

※パン以外はすべて適量

作り方

❶パン2枚にクリームチーズを薄く塗り、ゴーダチーズ、モッツァレラチーズをのせる。a

ポイント▼チーズを、味にクセのあるゴルゴンゾーラやラクレットチーズに変えればお酒にも合う!

❷コルニッションをのせ、こしょうをふる。もう2枚のパンではさんでサンドイッチにする。b

❸チーズをとろけさせるため、電子レンジで30~40秒温める。

❹200℃に温めたホットプレートでバターを溶かし、パンにしみ込ませながら焼く。c

❺焼き色がついたら、もう片面もバターをしみ込ませながら焼く。d

ポイント▼高温でカリッと焼くのがポイント。ホットサンドはハムやツナなど、いろいろな具材が合う。

❻包丁やナイフで半分に切り、皿に盛り付けて出来上がり。

アボカドとクリームチーズのオープンサンド

材料

カンパーニュなどのスライス…１枚（食パンなど、サンドイッチにできるパンなら何でも可）

クリームチーズ、パルメザンチーズ、ニンニク、アボカド、イタリアンパセリ、レモン、オリーブオイル、黒こしょう

※パン以外はすべて適量

作り方

❶220℃に温めたホットプレートにオリーブオイルをひく。
❷パンにオリーブオイルをしみこませながら焼く。
❸カリカリになるまで両面を焼く。
❹焼き色がついたら、片面にニンニク（切断面）を2回ほどこすりつける。a
❺クリームチーズを薄く塗り、スライスしたアボカドをのせる。
❻パルメザンチーズ、黒こしょうをふりかけ、レモンを搾る。b
❼仕上げにオリーブオイルを垂らし、イタリアンパセリをのせて完成。

a

b

プロフェッショナルからひとくちメモ

ホットサンドは、このほかにハムやツナなどの具材をはさんで焼いてもおいしくできます。家庭での食事の時間が、少しでも楽しいものになればと思います。

天ぷらのプロフェッショナル

早乙女哲哉

SOUTOME Tetsuya

歴史に革命を起こす 高みを目指して半世紀

香ばしさがほとばしる穴子。芯はほんのりレア、極限まで甘みを引き出したエビ。生よりもはるかに濃厚な味わいに生まれ変わったウニ。その天ぷらは、素材本来の味を呼び覚ます。

当代屈指の天ぷら職人・早乙女哲哉は、五感を研ぎ澄まし、黙々と天ぷらを揚げる。「衣につけて、油で揚げる」というシンプルな世界に、新たな可能性を見いだし続ける。15歳で修業を始めてから半世紀。さらなる高みを目指すことをやめようとはしない。

長い天ぷらの歴史に革命を起こしたといわれる早乙女。その技は名だたる料理人を魅了する。長引く不況で、親友が閉店に追い込まれた。再出発する友、天ぷらへ思いを託す。ひたむきに道を極める果てなき修業の日々に番組が密着した。

そんな早乙女が、リモートで、自宅でできる簡単・絶品レシピを大公開。

PROFILE & DATA

東京・門前仲町にある天ぷら屋「みかわ是山居」店主。中学卒業後すぐに上野の老舗で修業を始め、29歳で独立。2009年「みかわ是山居」を開店。

『みかわ是山居』

〒135-0032　東京都江東区福住1丁目3－1

TEL 03-3643-8383　https://mikawa-zezankyo.jimdofree.com/

NHKプロフェッショナル 仕事の流儀「道を究める その先に ～天ぷら職人・早乙女哲哉～」2012年6月11日放送

自宅で簡単まかない天丼

材料（1人分）

ホタテ貝柱のかき揚げ天丼

卵…1個
水…180㎖
薄力粉…適量
ホタテ貝柱（生食用）…適量
溶き卵…適量
油…適量
だし…適量
しょうゆ…適量
みりん…適量
揚げ玉…適量
ごはん…適量

ポイント▼
卵、水、薄力粉は前日から冷やしておく。薄力粉は衣の濃さの調整に使うため、多めに用意する。

作り方

丼づゆ

❶だし・しょうゆ・みりんを1：1：1の割合で混ぜる。（例：だし、しょうゆ、みりんを各300㎖）

❷①を7分目くらいまで煮詰める。

❸こし器に揚げ玉を入れる。②にこしながら入れ、溶かすようにかき混ぜる。a

ポイント▼揚げ玉を入れると、つゆにコクが出て、〝プロの味〟に近づく。丼づゆはいろいろな料理に使えるので便利。

ホタテ貝柱の〈かき揚げ天丼〉

❶卵1個に水180㎖を目安に、ボウルに卵と水を溶き合わせる。

❷①に薄力粉を、ふるいにかけながら溶き、衣を作る。b

ポイント▼かき混ぜようとしないこと。軽く溶く。

❸ホタテ貝柱を半分の厚さに切り、さらに細かく切る。c

❹どんぶりに、細く切ったホタテ、同量の衣を入れて混ぜる。さらに溶き卵（少量）を入れ、元の衣と同じ濃さになるよう、薄力粉を加え調整する。

a

c

b

ポイント▼衣の卵を増やすことで火が通りやすくなる。ホタテに火が通りすぎないように揚げるのがコツ。

⑤鍋に油を入れ、加熱する。小さいおたまで④をすくい、鍋の浅いところから油に入れる。d

⑥少し固まったら、菜箸で鍋の深いところに移し、その上に生地（おたま1杯分）をのせる。e

⑦こまめに返しながら揚げ、衣の表面に下から油が抜けるようになったら、油から上げる。

ポイント▼こまめに返した方が形よく揚がる。

⑧ごはんにつゆを少しかける。天ぷらをつゆに浸し、つゆをよく切ってからごはんにのせて完成。f

ホタテ貝柱の〈天丼〉

❶66ページのかき揚げ天丼の①②と同じ。

❷生食用のホタテ貝柱を半分の厚さに切る。

ポイント▼薄く切ることで火が通りやすくなり、火の通りのばらつきを抑えることができる。

❸ホタテの両面に薄力粉をまぶし、衣をつける。

❹油に入れ、強火で25〜30秒揚げる。

❺上段の⑧と同じ

まかないの定番丼づゆを使った玉子丼

材料（1人分）

丼づゆ（66ページ参照）…適量
だし…適量
長ネギ…適量
卵…2個
ごはん…適量
水菜…適量

作り方

❶丼づゆにだしを加えて（つゆ1に対し、だし3～4の割合）火にかける。a

❷沸騰してきたら、薄く切った長ネギをたっぷり入れる。b

❸もう一度沸騰したら、溶き卵（1個分）を入れる。ある程度固まったら残りの溶き卵を加え、火を止めて余熱で火を入れる。

❹ある程度火が通ったら、ごはんの上にのせ、刻んだ水菜を散らして出来上がり。c

a

b

c

プロフェッショナルからひとくちメモ

自宅で、どなたでも作れます。絶対においしいですよ！

横溝春雄

YOKOMIZO Haruo

一流パティシエから尊敬を集める

都心から少し離れた住宅地に、連日400人の客が訪れる洋菓子店がある。1日でケーキ1500個、焼き菓子3000個を売り上げる。店主で、洋菓子職人の横溝春雄は、いつも厨房を忙しく駆け回っている。この道半世紀。ケーキへの愛情は尽きることがない。

横溝は、この世界で別格と位置づけられる凄《すご》腕の職人。ヨーロッパ随一といわれる名店「デメル」で、東洋人として初めて腕を振るった。洋菓子作りに真摯《しんし》に向き合う姿勢は、多くの一流パティシエから尊敬を集める。

洋菓子店にとって最も忙しいクリスマスシーズン。弟子たちとともに3500個のケーキを作る総力戦に挑んだ。過酷な現場で、弟子たちをいかに育てるか。職人たちの熱きドラマに番組が密着した。

そんな横溝が、リモートで、自宅でできる簡単・絶品レシピを大公開。

PROFILE & DATA

1972年から約5年間ドイツやスイス、オーストリアで修業。帰国後、「新宿中村屋グロリエッテ」のシェフを経て、88年川崎・新百合ヶ丘にウィーン菓子工房「リリエンベルグ」をオープン。

『リリエンベルグ』

〒215-0021　神奈川県川崎市麻生区上麻生 4-18-17

TEL 044-966-7511　http://www.lilienberg.jp/

NHKプロフェッショナル 仕事の流儀「街を灯《とも》す、真心の洋菓子 ～洋菓子職人・横溝春雄～」2014年2月3日放送

NHKオンデマンドで見られます

春を味わうフルーツゼリー

材料（4人分）
日向夏《ひゅうがなつ》…4〜5個（清見《きよみ》ミカンなど、お好みの柑橘類でも可）
水…50g
粉寒天…2g
グラニュー糖…50g
※キウイ・リンゴ・イチゴなどお好みのフルーツ、お好みのハーブ

作り方

❶日向夏の上の部分を3㎝程度切り落とし、スプーンで果肉を取り出す。皮は器に使用するので穴を開けないように。a

ポイント▼もし穴を開けてしまったら食パンを詰めて補修する。切った上の部分は取っておく。

❷ボウルにざるを重ね果肉を搾り、果汁にする。果汁は300g必要。味見して酸味が弱いようなら、レモンを1/4個（分量外）搾って加える。b

ポイント▼網目の粗いざるを使うと、ツブツブ感を際立たせることができる。

❸②を小さい鍋に移し、3～4分ほど弱火で温める。

❹50gの水に、粉寒天2gを溶かす。

ポイント▼ゼラチンは動物由来なので、寒天を使うほうが清涼感が出る。フルーツゼリーには寒

天がオススメ。

❺水で溶いた寒天を弱火にかけ、温めた果汁を適量加える。泡立て器でかき混ぜ、寒天を溶かす。

❻寒天が溶けたら（60〜70℃）、残りの果汁を少しずつ加えてかき混ぜる。c

❼グラニュー糖50gを加える。

ポイント▼このタイミングでも味見し、酸味と甘みを確かめ、自分好みの味に仕上げる。

❽お好みのフルーツを切り、皮の器に入れ、⑦を注ぎ入れる。d

❾冷蔵庫で20〜30分間冷やす。切り取ったトの部分の皮も一緒に冷やす。

❿お好みのハーブを添える。

⓫皿に、皮の器をのせ、切り取った日向夏の上の部分でフタをして完成。フタの裏についた果肉を搾って果汁を垂らして食べる。e

c

d

e

プロフェッショナルからひとくちメモ

皮を器に見立てた、見た目が楽しい日向夏のフルーツゼリー。簡単にできるので、ぜひ作ってみてください。

フレンチのプロフェッショナル

岸田周三

KISHIDA Shuzo

日本人として初めてフレンチで三つ星を獲得

フランスの伝統ある大手ガイドブックで、日本人としてフレンチの世界で初めて三つ星を獲得したシェフ・岸田周三。最年少の三つ星だ。岸田の料理は、フランス料理の命といわれる濃厚なソースに頼らない。選び抜いた食材と卓越した火加減の技術で勝負する。

幼いころから料理好きの母を手伝って、食事を作るのが何よりの楽しみだった。高校卒業後、料理人の道に進み、26歳の時、身一つでパリに飛ぶ。修業を積むなかで、師パスカル・バルボと出会い、料理への向き合い方が180度変わった。

1日16時間、厨房に立ち、料理と向き合う。岸田が胸に刻む「昨日より今日、今日よりも明日」という言葉。たとえわずかでも進化する自分であり続けようとする岸田に番組が密着した。

そんな岸田が、リモートで、自宅でできる簡単・絶品レシピを大公開。

PROFILE & DATA

2000年に渡仏し、約5年間パリの三つ星レストラン「アストランス」などで修業。帰国後、06年に「レストラン カンテサンス」をオープン。07年『ミシュランガイド東京』で三つ星を獲得。

『レストラン カンテサンス』

〒141-0001　東京都品川区北品川6-7-29 ガーデンシティ品川　御殿山1F
TEL 03-6277-0485（お問い合わせ）、03-6277-0090（予約専用）　https://www.quintessence.jp/

NHKプロフェッショナル 仕事の流儀「若き求道者、未到の地へ ～フレンチシェフ・岸田周三～」
2008年2月5日放送

おうちでフレンチ じゃがいもグラタン

材料

ジャガイモ…7〜8個
ニンニク…2かけ
バター…30g
ホウレンソウ…1束（冷凍のホウレンソウでも、栄養価はほぼ変わらないので可）
塩…適量
牛乳…150㎖
生クリーム（乳脂肪分35％）…200㎖
コンテチーズ…120〜150g（とろけるチーズやピザ用チーズでも可）
ピスタチオ…50g
※お好みでキノコ、鶏肉、魚介類など

作り方

❶ジャガイモの皮をむく。

❷ニンニクをみじん切りにして、鍋に入れる。

❸バターを鍋に入れ、ニンニクをごく弱火で、色がつかない程度に炒める。 a

ポイント▼バターは包装紙ごと切り、残りは切断面をきれいにラップしておくと酸化を防げる。

❹③をしながら、ジャガイモをスライス。数十秒、流水にさらす。

ポイント▼ジャガイモ表面のでんぷん質を洗い落とすと、でき上がったときに重くならない。

❺ホウレンソウを炒め、オーブン対応の鍋の底に敷き詰める。 b

ポイント▼ホウレンソウを鍋の底に敷き詰めると、ジャガイモがこびりつかず、洗い物がラクに。料理ではそういう工夫も大切。

❻ボウルに水を切ったジャガイモを入れ、塩をふ

a

b

c

d

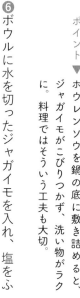

る。

ポイント▼塩の量は、後に加えるチーズの塩分を考慮して決める。

❼ジャガイモをホウレンソウの上に敷きつめる。c

ポイント▼ここにキノコや鶏肉、魚介類を加えてもよい。

❽ピスタチオをのせ、牛乳・生クリームも加える。

ポイント▼ピスタチオのかたい殻は取り除いておく。薄皮はそのままでもよい。

❾チーズをかける。d

ポイント▼味にこだわるならコンテチーズがオススメ。e

❿オーブンに入れ、210〜250℃で、50分〜1時間焼く。f

ポイント▼オーブンによって焼き上がりまでの時間にかなり差が出るので、焼き加減はジャガイモに竹串がスッと入るのを目安に。

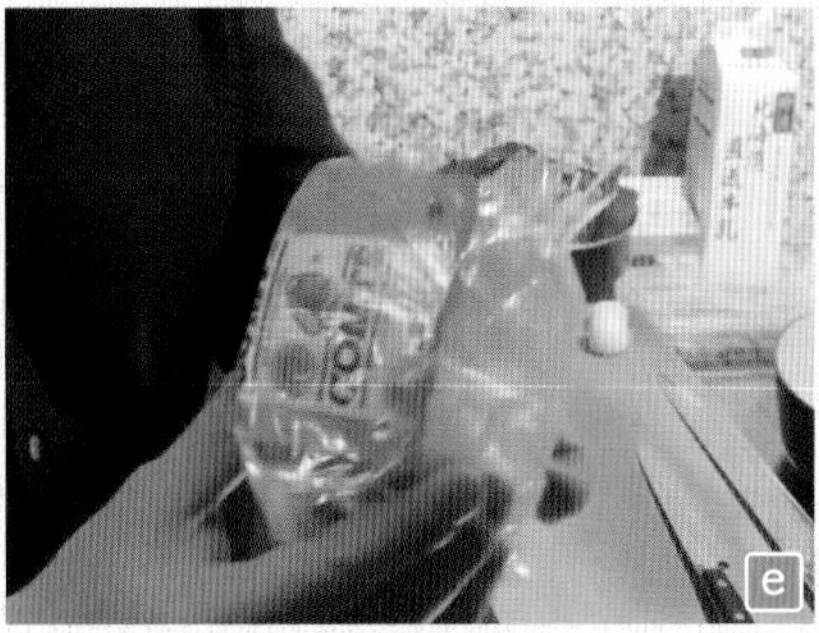
e

f

プロフェッショナルからひとくちメモ

たまには家庭でフランス料理を作ってみませんか？ お母さんだけなく、お父さんが作ればヒーローになれるチャンス！ フランス料理では、このグラタンは肉料理などの付け合わせに使われますが、キノコや鶏肉、魚介類などを加えればメインディッシュになります。

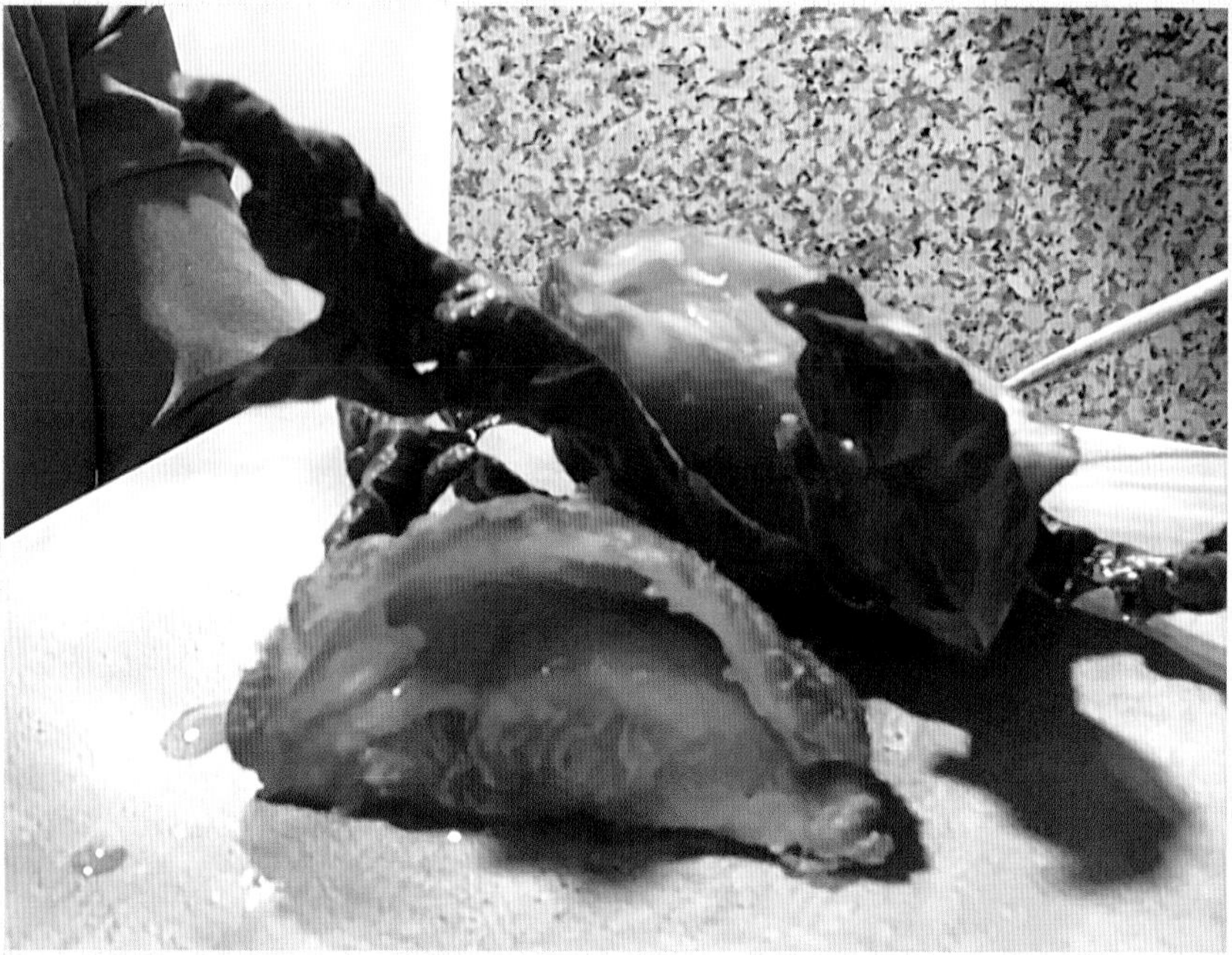

イチジクのパイ包み

材料（2人分）
イチジク…1個
グラニュー糖…適量（使用するイチジクの20％）
バター…適量
パイシート（市販の冷凍のもの。厚さは1㎜に伸ばす）

作り方

❶イチジクを縦半分に切る。

❷切ったイチジクを裏返して、グラニュー糖をふりかける。a

ポイント▼砂糖はいろいろ種類があるが、イチジクの香りを生かすために、シンプルなグラニュー糖がよい。

❸バターを小さくちぎって、②の果肉のすき間に入れる。b その後、イチジクを元の形に戻す。

❹パイシートを2枚、丸くくり抜く。サイズは、イチジクよりふた回りくらい大きな円が目安。

ポイント▼くり抜く道具がなければ、お茶の缶のフタなどを使ってもよい。

❺④のパイシートよりもうひと回り大きなパイシートを2枚くり抜く。

ポイント▼イチジクを包みやすいよう、上からかぶせるパイシートをひと回り大きくする。

a

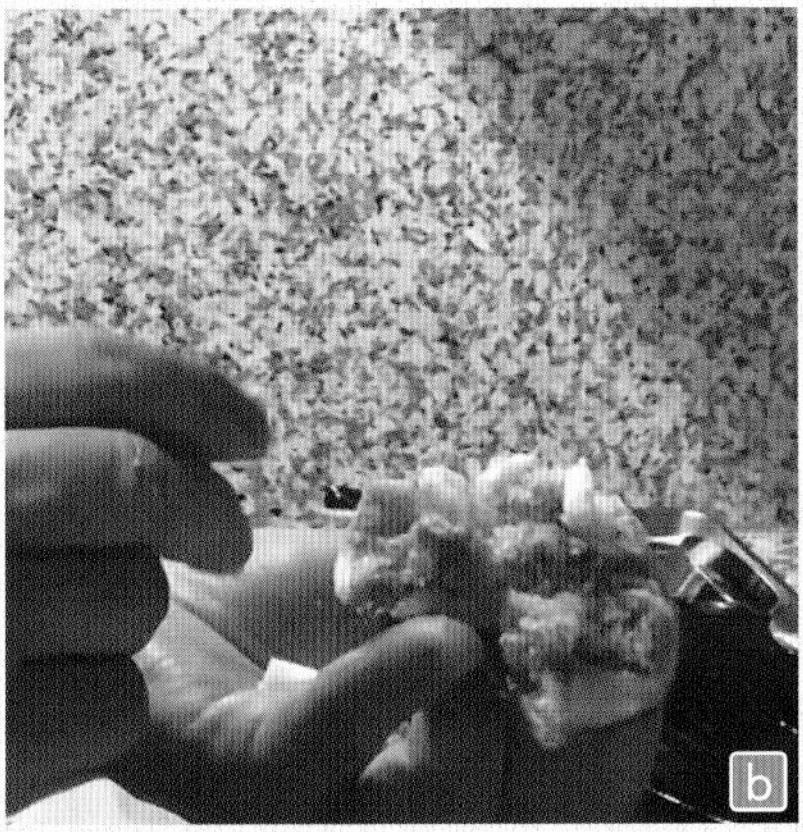

b

❻④のパイシートにイチジクをのせ、パイシートの周りに、ハケで軽く水を塗る。c そこに⑤のパイシートをかぶせ、イチジクを包む。

ポイント▼なるべく空気が入らないように包む。d 周りの余ったパイシートを切り落としたほうがきれいに仕上がる。

❼⑥を冷蔵庫で、30分～1時間寝かせる。

❽⑦を220℃の油で7分くらい揚げる。e

ポイント▼イチジクは、実よりも葉のほうが香りは豊か。乾燥させた葉をパイと一緒に揚げると、葉の香りが移り、風味がよくなる。葉が手に入るなら、ぜひお試しを。f

プロフェッショナルからひとくちメモ

簡単に作れて、すごくおいしいデザート。イチジクを選んだのは、夏と秋、1年に2回旬があるという理由から。揚げたてがおいしいのですが、熱いので気をつけてください！

焼き鳥のプロフェッショナル

池川義輝

IKEGAWA Yoshiteru

己を追い込み 未到の味へ

2か月先まで予約が入るという人気の焼き鳥店。その焼き鳥は、未体験の感動を呼ぶ。この店の主人、池川義輝は、あることを大真面目に考えている。「俺はどこまで、焼き鳥の気持ちになれているんだ」と。池川の最大の特徴は、遠火が一般的な炭火焼きにおいて、常識外れの「近火の強火」。炭と食材を極限まで近づけ、表面を高温で素早く焼き固めることで、中からあふれる肉汁を閉じ込める。

近火では、すぐに黒焦げになるため、池川は指がやけどするのもいとわず、ひたすら串を動かし続ける。

脱サラして入った焼き鳥の道。浅はかさを思い知った。昔から庶民の味方である焼き鳥の食文化を徹底的に突き詰め、地位向上を目指す熱き男の日々に番組が密着した。

そんな池川が、リモートで、自宅でできる簡単・絶品レシピを大公開。

PROFILE & DATA

東京・目黒の焼き鳥店「鳥しき」店主。28歳で脱サラし、中目黒の名店「鳥よし」で7年間修業したのち、2007年「鳥しき」を開店。『ミシュランガイド東京2011』で一つ星を獲得。

『鳥しき』

〒141-0021　東京都品川区上大崎2-14-12

TEL 03-3440-7656

NHKプロフェッショナル 仕事の流儀「己を追い込み、未到の味へ ～焼き鳥職人・池川義輝～」2016年4月11日放送

NHKオンデマンドで見られます

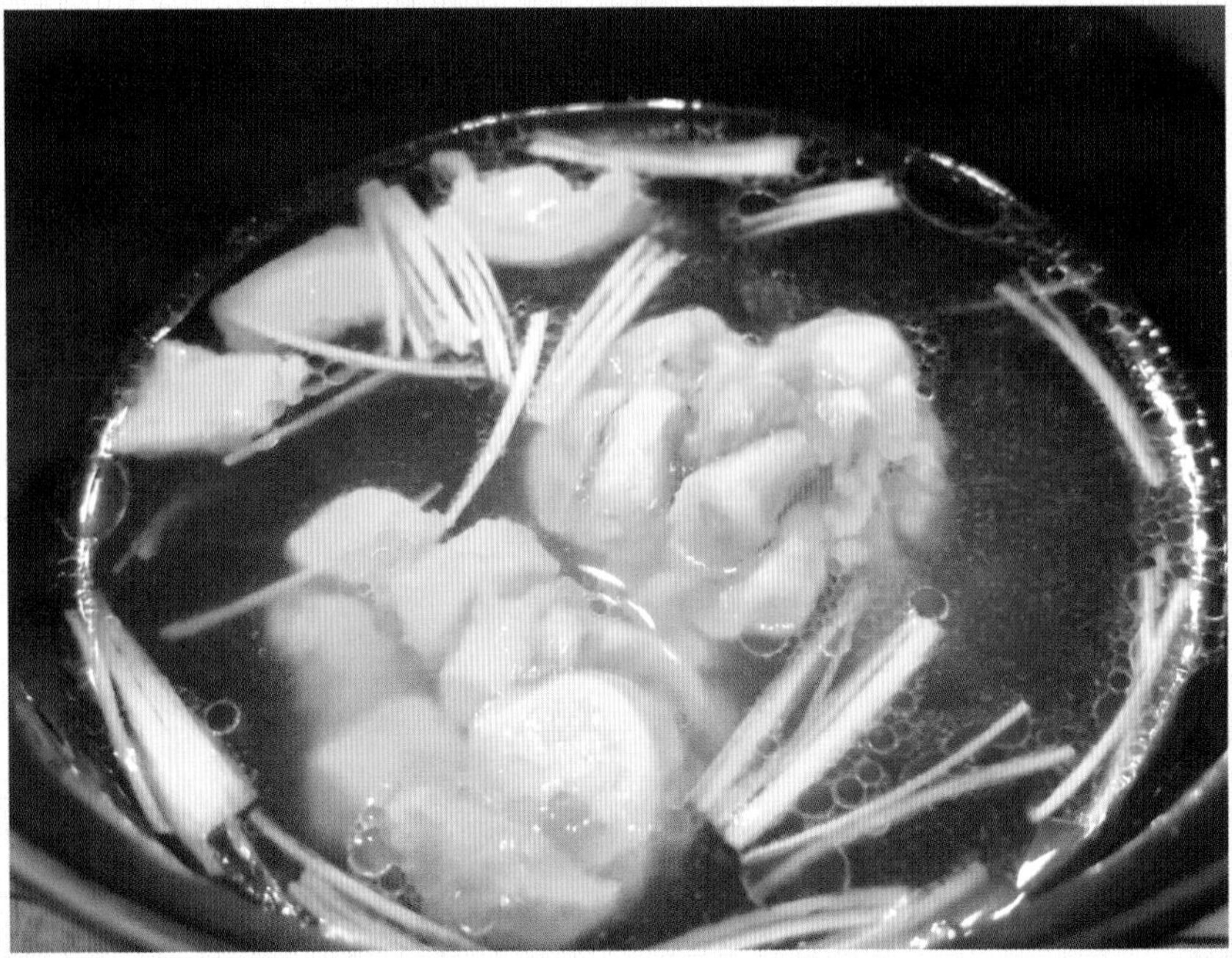

焼き鳥屋さんの鶏スープ

材料（1人分）

スープ

長ネギの頭（青緑の部分）…適量

ショウガ（皮付き・薄切り）…1かけ10g

鶏モモ肉の皮（肉は84ページの親子丼に使用）…適量

みつば茎…適量（葉は84ページの親子丼に使用）

塩…少々

白髪ネギ（縦に細く刻んだネギ）…適量

水…500㎖

鶏だんご

鶏モモ肉…30g

かたくり粉…少々

しょうゆ…少々

塩…少々

ゴマ油…少々

ゴマ…少々

ポイント

短時間でスープにコクとうま味を出すために、鶏だんごを入れる。

作り方

❶スープ用のモモ肉の皮を取り、細かく切る。a

ポイント▼皮を入れると非常にうまみが出る。

❷鶏だんご用のモモ肉を粗めに刻み、しょうゆ、ゴマ油、ゴマ、塩、かたくり粉を加えてよくもむ。b

ポイント▼モモ肉は歯ごたえが増して食感を楽しめるよう、あえて粗めに。ゴマを加えるのも同じ理由から。

❸水500㎖を張った小さめの鍋を火にかけ（強火）、長ネギの頭、ショウガ、①の鶏皮を入れる。c

ポイント▼ショウガは、皮をむかずに入れたほうが風味が増す。

❹沸騰したらアクを取る。

❺②をだんご状に丸め（2個）、鍋に入れる。d

❻みつばの茎を入れ、10分程度煮詰める。

ポイント▼みつばの茎を入れることで、味に上品さが増す。

❼長ネギの頭とショウガを取り出し、塩で味を調整し、白髪ネギを入れて完成。

a

c

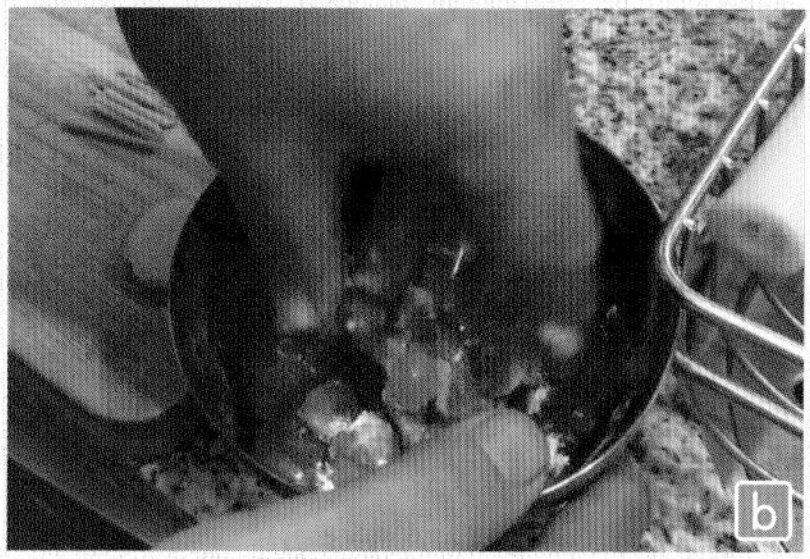
b

d

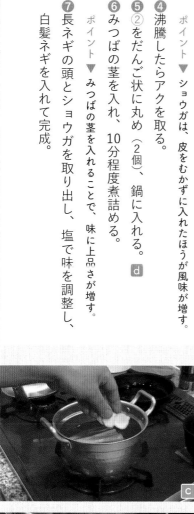

焼き鳥屋さんの親子丼

材料（1人分）

ごはん… 適量
卵… 2個
鶏モモ肉… 5切れ（1切れ10g）
長ネギ… 少々（火が入りやすいよう、短冊状に切る）
タレ…（しょうゆ10g＋みりん10g。めんつゆでも可）
油… 少々
みつばの葉… 適量

作り方

❶小ぶりのフライパンに油をひき、モモ肉と長ネギを焼く。

ポイント▼モモ肉は火が入りやすいよう、皮を取って、ひとくち大に、なるべく薄く切る。a
皮は82ページのスープに使用。

❷肉に火が入ったら、フライパンの上で脂を切り、長ネギと一緒に丼によそったごはんの上にのせる。b

ポイント▼長ネギは、少し色がつくまで炒めたほうが、香ばしくておいしい。

❸フライパンに鶏の脂を残したまま、溶き卵をスクランブルエッグを作る要領で加熱する。

ポイント▼鶏から出た脂にはうまみがたっぷり。卵は、側面に火が入ったら、菜箸で回す。c

❹卵が固まってきたら、タレを加えてなじませる。d

❺④を②の上にのせ、みつばの葉をのせて完成。

プロフェッショナルからひとくちメモ

鶏スープは、店ではじっくり6～7時間煮込んで作りますが、鶏だんごを入れることで、数十分で同じような味が再現できます。ぜひご自宅で挑戦してみてはいかがでしょう？

a

b

c

d

チョコレートのプロフェッショナル

三枝俊介

SAEGUSA Shunsuke

最高のカカオ豆を見つけ究極のチョコレートを作る

「食べると幸せな気持ちになる」。東京・丸の内にあるチョコレート専門店には、ショコラティエ・三枝俊介のチョコレートに魅せられた人々が集う。アフリカ、アジア、中南米など世界各地から取り寄せたカカオ豆を、さまざまに温度や時間を変え、個性を引き出すよう焙煎する。三枝は、カカオ豆からチョコレート作りを行う「Bean to Bar」を日本で先駆けた。

パティシエとして、いくつものケーキ店を持っていた三枝。57歳の時にすべてのケーキ店を閉める決意をし、残りの人生をチョコレートの追求にかけた。

三枝が挑むのは「究極のチョコレート」。時代を超えて人々から求められる、新たな味を目指す。カリブの島で最高のカカオ豆を見つけ、チョコレート作りに挑む姿に番組が密着した。

そんな三枝が、リモートで、自宅でできる簡単・絶品レシピを大公開。

PROFILE & DATA

パティシエとして複数のパティスリー、カフェを経営したのちショコラティエに転身。2004年「ショコラティエ パレド オール OSAKA」(大阪・西梅田)、07年「同 TOKYO」(東京・丸の内)、14年「アルチザン パレドオール」(山梨・清里高原)、19年世界初のホワイトチョコレート専門店(東京・青山)をそれぞれオープン。

『ショコラティエ パレ ド オール　東京店』

〒100-6501　東京都千代田区丸の内1-5-1 新丸の内ビルディング1F

TEL 03-5293-8877　http://www.palet-dor.com/info_pale.html

NHKプロフェッショナル 仕事の流儀
「情熱が、道を拓く ～ショコラティエ・三枝俊介～」2018年5月28日放送

NHKオンデマンドで見られます

チョコがしみるフレンチトースト

材料（3人分）
食パン（5枚切り）…3〜4枚
牛乳…250㎖
卵…2個
砂糖（家庭にあるもので可）…20g
チョコレート（好みの味のものを）…100g
バター…適量
キャラメルソース
グラニュー糖…50g
水…適量
オレンジジュース…50㎖
トッピング
イチゴ、バナナ（季節のフルーツ）
※お好みで粉砂糖をふりかける

作り方

❶食パンの耳を切り落とす。

ポイント▼耳は、⑧で残った漬け込み液に漬けて、オーブントースターなどでカリッと焼くとおいしい。

❷液がしみ込みやすいように、食パンに竹串で穴をあけ、三角に切って（1枚を2等分）、冷凍保存用の袋に入れる（平らに敷く）。a

❸チョコレートを細かく割り、ボウルに入れる。

❹別のボウルに卵（全卵）、砂糖を入れ、よくかき混ぜる。

❺牛乳を鍋に入れて温め、半分弱を③のボウルに入れて、チョコレートを溶かす。

ポイント▼牛乳はかき混ぜずに、ボウルを揺らして、牛乳の熱でチョコレートが自然に溶けるまで待つ。溶けたら、かき混ぜる。

❻残りの牛乳を④に少しずつ加え、混ぜ合わせる。

❼チョコレートと牛乳が混ざった⑤のボウルに、卵・砂糖・牛乳が混ざった⑥を加えて混ぜ合わせ、こし器でこして卵の繊維を取り除く。

❽②の中に⑦を入れ、袋をひっくり返しながら、液をパンの中までしみ込ませる。

ポイント▼⑧を1～2時間冷蔵庫で寝かせる。

❾ホットプレートを一番高温に熱してバターをひき、⑧のパンの両面を1分ずつ焼く。b

a

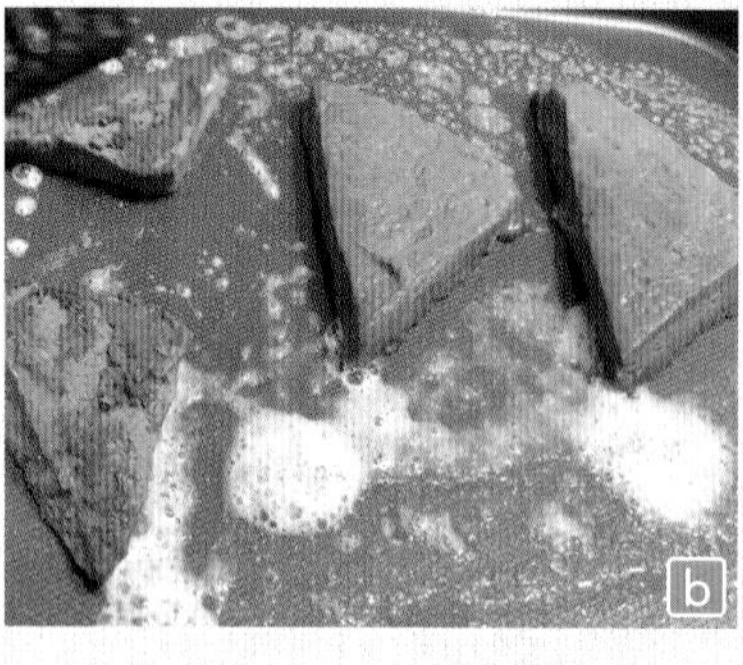
b

⑩フタをして、弱火で3分ほど蒸し焼きにする。

ポイント▼蒸し焼きにすることで、パンの中のチョコレート液に火が入る。

⑪パンが焼き上がるまでの時間を利用してキャラメルソースを作る。鍋に50gのグラニュー糖を入れ、浸る程度の水を加え、火にかける。

⑫油揚げのような色になったら火を止める。余熱で火が入り、だんだん色が濃くなるので、オレンジジュースを少しずつ鍋肌から入れる。c

ポイント▼オレンジジュースを一気に入れてしまうと、熱ではねるので要注意。

⑬ジュースを半分くらい入れたら、再び加熱。ダマにならないよう、スプーンでかき回して煮溶かしながら、少しずつオレンジジュースを入れていく。

⑭沸騰させて火を止める。そのまま置いて冷ます。

⑮焼き上がったパンを皿に盛り付け、フルーツなどをトッピング。キャラメルソースをかけ、温かいうちに食べる。d

c

d

プロフェッショナルからひとくちメモ

ご家庭で簡単にできる、チョコレート版フレンチトースト。液をパンにしっかりしみ込ませるのが、おいしく作るコツです。

溶かして固めてアイスショコラ

材料（5〜6人分）

ホワイトチョコレートの場合

板チョコレート（ホワイト、カカオ50%）…150g
水…250mℓ
砂糖…65g
板ゼラチン…1枚（2g）
白桃…適量
マスカット…適量
スイカ…適量
市販のアイスクリーム…適量

ビターチョコレートの場合

板チョコレート（ビター、カカオ72%）…100g
水…60mℓ
砂糖…65g
板ゼラチン…½枚（1g）
巨峰…適量
メロン…適量
バナナ…適量
市販のアイスクリーム…適量

作り方

❶ホワイトチョコレート（またはビターチョコレート）を、包みに入ったまま、トンカチでたたいて細かく砕き、ボウルに入れる。

ポイント▼包丁で刻むより簡単に細かくでき、まな板や包丁を汚さずにすむ。 a

❷鍋に水を入れ、砂糖を加えて沸騰させる。

❸沸騰させた湯が熱いうちに、冷たい水でふやかしたゼラチンを加え、溶かす。

❹③のお湯の半分をボウルに入れたホワイトチョコに注ぎ、しばらく置いて溶かす。残りのお湯を少しずつ加え、ゆっくりと溶かして混ぜ合わせる。 b

ポイント▼チョコレートには油分があり、水と混ざりにくいので、なるべくゆっくり混ぜ合わせる。

※ビターチョコレートの場合は、水の量を1/4、ゼラナンを半分にして同じ工程で進める。

❺チョコレートの液体が出来上がったら、ボウルの底

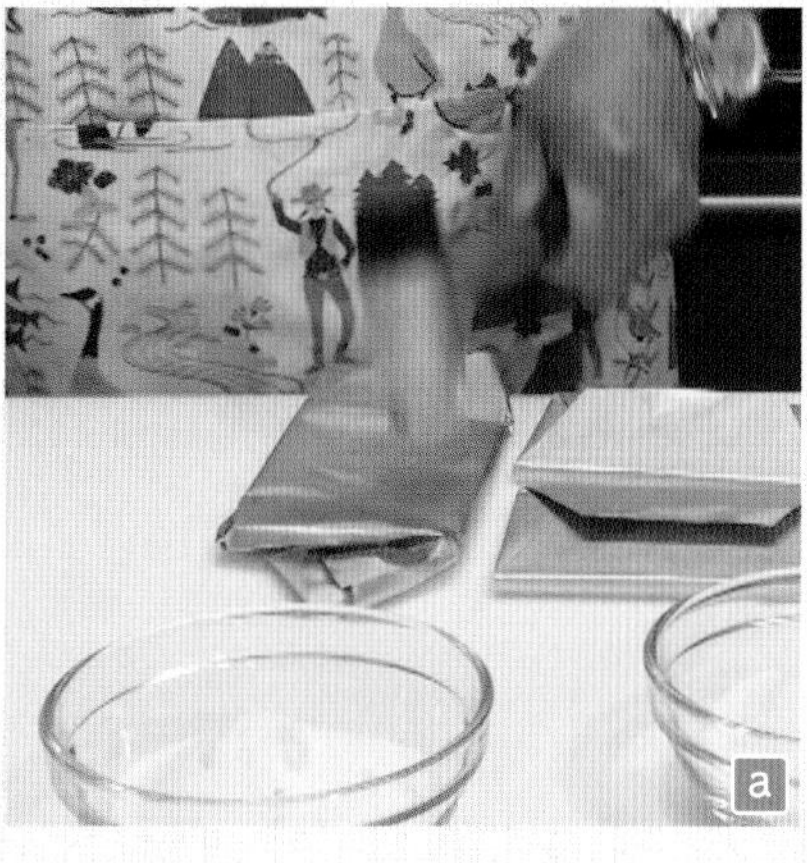

を氷水で冷やす。

❻冷やしたチョコレートの液体を製氷皿に流し込み、冷凍庫に入れて一晩冷やす。c

ポイント▼冷凍庫のにおいがチョコレートに移らないよう、フタのついた製氷皿に入れるか、ラップをして冷やす。

❼チョコレートを、かたい状態のまま製氷皿から取り出す。

ポイント▼自然に抜けるまで待つと、先に中が溶けてしまうので要注意。

❽長めのグラスに、チョコレートとカットしたフルーツを、すき間のバランスや色合いを見ながら盛り付ける。d

ポイント▼黒いチョコレートは、溶けると全体の色合いを崩してしまうので、なるべく下に入れるとよい。

❾最後に市販のアイスクリームをのせて完成。

c

d

プロフェッショナルからひとくちメモ

冷凍庫さえあれば、本当に簡単に作れます。ホワイトチョコで作る氷は、サクッとした歯触りで、とてもあっさりした味わいなので暑い季節にぴったり。チョコレートとフルーツがマリアージュした、とてもおいしいデザートです。

松本秀樹

MATSUMOTO Hideki

最高の魚だけを仕入れる日本一の魚屋

東京の下町・根津に鮮魚店を構える松本秀樹。関東一円から客が訪れ、全国から贈答品の注文が舞い込む。松本は、頑ななまでに最高の魚にこだわる。北海道・旭川にある鮮魚店の長男として生まれたが、18歳で家を飛び出した。だが、1年で夢破れて帰国。見慣れていたはずの父の店に衝撃を受ける。最高の魚だけを選び抜き、愛情たっぷりに魚を売っていたのだ。

松本は寝る間を惜しんで修業。独立して店を持ったが、多額の借金を抱え、廃業寸前まで追い込まれた。それでも松本は、最高の「一の線」だけを仕入れ続ける。仕込みも徹底して行う。その姿勢が徐々に客の信頼を集め、今では「日本一の魚屋」との呼び声も高い。尊敬してやまない父を追う松本に番組が密着した。

そんな松本が、リモートで、自宅でできる簡単・絶品レシピを大公開。

PROFILE & DATA

東京・文京区の鮮魚店「根津松本」主人。実家は北海道で祖父の代から続く鮮魚店。都内の鮮魚店で修業を積み、高級鮮魚店に勤務したのち、2007年35歳で「根津松本」を開業。

『根津松本』

〒113-0031　東京都文京区根津1-26-5

TEL 03-5913-7353　https://nezu-matsumoto.jp/

NHK プロフェッショナル 仕事の流儀「魚スペシャル ～魚とともに生きる男たち～」2014年10月20日放送

NHKオンデマンドで見られます

子ども喜ぶアジのハンバーグ

材料（2人分）
刺身用のアジ…2匹
大葉（細く切ったもの）…適量
ミョウガ（同）…適量
長ネギ（みじん切り）…適量
ショウガ（すりおろし）…適量
みそ…適量
しょうゆ…適量
かたくり粉…適量
油…適量
大根おろし…適量
ポン酢しょうゆ（仕上げ用）

ポイント▼
アジは、頭が小さく、身が膨らんでいるもの（刺身用）を選ぶ。

作り方

アジのなめろう

❶アジのうろこをしっかり取り、水で洗い流す。

❷頭を切り落とし、内臓を取って、腹の中を水できれいに洗う。

❸キッチンペーパーで身についた水分を取り、尾びれが左側に来るように置く。背骨の上に包丁を入れる。片方の手で魚を押さえ、尾びれに向かって、そのまま水平に包丁を動かす。a

❹裏返して、反対側もおろす。

ポイント▼同じく背骨の上に包丁を入れ、刃先が背びれに当たるように切るときれいにおろせる。

❺腹骨をそぎ落とす。

ポイント▼アジのうろこは、小さくても確実に口の中に残ってしまうので、常にまな板をきれいにして調理する。

❻皮をはぐ。皮を下にして頭側の端をもち、包丁の背を皮に当てたまま動かすと、きれいにはがせる。b

❼まな板を替え、骨抜きで中骨を取る。骨抜きがない場合は、中骨の部分を切り出す。

（①〜⑦は、お魚屋さんでやってもらってもよい）

❽ 身を細く切り、次にたたく。 c

ポイント▼たたきすぎて、あまり細かくならないように。

❾ ボウルに⑧を入れ、お好みで細かく切った大葉、ミョウガ、長ネギ、ショウガ、みそ、しょうゆを加え、味ムラがないように混ぜて、「なめろう」が完成。

ポイント▼このままおつまみとして食べてもおいしい！

アジのハンバーグ（2個分）

❶ ⑨で作った「なめろう」にかたくり粉を足してこねる。

❷ ハンバーグの形に整え、中心を少しへこませる。 d フライパンに油をひき、中火で焼く。

ポイント▼焼きすぎないように注意。強火で一気に焼かない。

❸ 側面の肉に火が通れば焼き上がり。 e 大根おろしをのせ、ポン酢しょうゆをかけて食べる。

プロフェッショナルからひとくちメモ

家庭で楽しく、簡単にできるお魚料理です。包丁を使うところまではお父さん、お母さんがやって、あとはお子さんも一緒に作ってみてください。

お茶のプロフェッショナル

前田文男

MAEDA Fumio

茶葉選び、ブレンドで最高の味を引き出す

茶葉の特徴を見抜き、それをブレンドすることで最高の味を引き出す「茶師」。その世界で名を轟《とどろ》かせる前田文男。全国の腕自慢の茶師たちが茶葉の鑑定技術を競う「全国茶審査技術競技大会」で日本一となり、その後、史上初の十段に登り詰める。今では茶のプロ中のプロといわれる前田だが、駆け出しの20代、どん底に落ちた。迷いの中で、もがき続けた。

前田は、五感を研ぎ澄まし、仕入れるべき茶葉を吟味する。そして、手塩にかけて磨いた茶葉に最後の仕上げをほどこす。「香《こう》甘《かん》苦《く》渋《じゅう》」が調和した奥深い味わいは、何種類もの茶葉をブレンドすることで生み出される。

4月、新茶戦争の幕開け。目指すは高級茶をしのぐ手頃な価格のお茶。茶師として誇りをかけた戦いに番組が密着した。

そんな前田が、リモートで、自宅でできる簡単・絶品レシピを大公開。

PROFILE & DATA

茶師。大学卒業後、電気メーカー勤務を経て、家業である「やまはち（株）前田幸太郎商店」入社。1993 年全国茶審査技術大会で優勝。97 年同大会で史上初の十段を取得。

『やまはち株式会社 前田幸太郎商店』

〒 420-0005　静岡県静岡市葵区北番町 15

TEL 054-271-1950　https://yama8-net.com

NHK プロフェッショナル 仕事の流儀「一葉入魂、本分を尽くす ～茶師・前田文男～」2008 年 6 月 17 日放送

達人が教える おいしいお茶の淹れ方

用意するもの

- 急須
- 湯冷まし（マグカップなどでも可）
- 湯飲み
- 茶葉
- お湯

プロフェッショナルからひとくちメモ

お湯の適温は70〜80℃。お湯が熱すぎると、お茶の苦み、渋みが先に立ち、角が立った味になってしまうので、適温まで下げて淹れてください。

お茶の淹れ方

❶お湯を沸かし、湯冷まし用の器（またはマグカップでも可）に注ぐ。

ポイント▼こうすることで、お湯の温度は約10℃下がる。a

❷急須に茶葉を入れる。1人分の目安は2g。

❸①のお湯を湯飲みにあけかえる。

ポイント▼これにより、お湯の温度はさらに約10℃下がり、適温の70〜80℃になる。

❹湯飲みのお湯を急須に入れ、1分弱蒸らす。

❺湯飲みにお茶をゆっくり、少しずつ注ぐ。2杯淹れるときは交互に、リズムよく注ぐ（A→B→B→A→A→Bの順）。こうすることで、お茶の量だけでなく濃さも均一になる。b

ポイント▼お茶の雑味が出てしまうので、急須は振ったり、揺すったりしないほうがよい。

❻最後の一滴においしい成分が含まれているので、残さず注ぎ切る。

ポイント▼一滴残らず注ぐことで、二煎目もおいしく淹れられる。

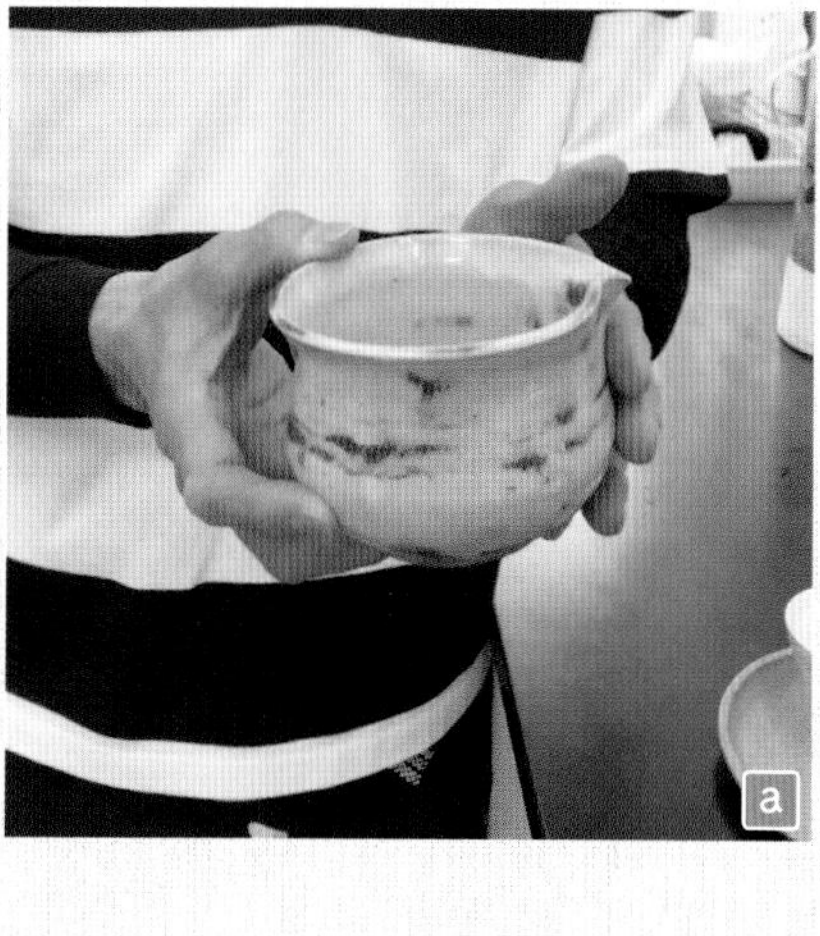

a

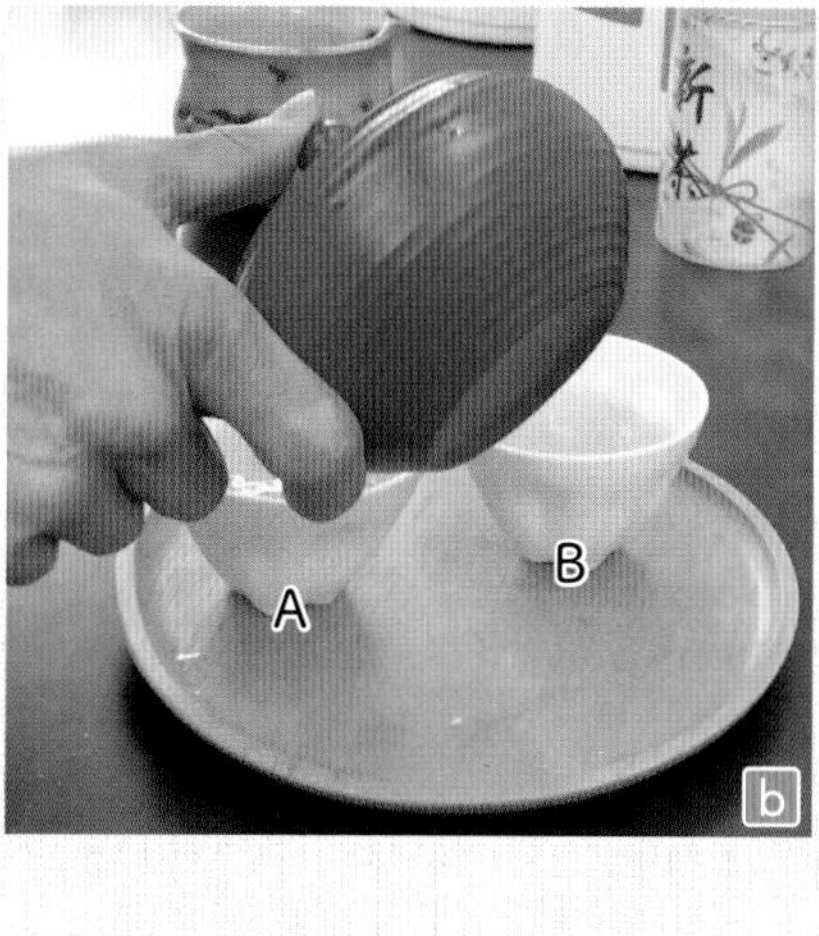

b

ジェラートのプロフェッショナル

柴野大造

SHIBANO Taizo

本場イタリアで優勝 野菜の強烈な存在感を生み出す

北陸・石川に、「世界一」のジェラートが食べられる店がある。食べた誰もが驚くのが、果物や野菜の強烈な存在感。「まるで本物を食べているみたい」と評される美味を求めて、県外からも大勢の客が足を運ぶ。

店主の柴野大造は、誰も使おうとしなかったセロリの爽やかな甘みを引き出し、本場イタリアの大会で優勝。秘訣《けつ》は、化学式のような緻密なジェラート理論と、生産者の思いをも練り込もうとする情熱だ。

開店以来、さまざまな素材に挑み、これまでに作ったジェラートは2000種類。柴野が立ち向かうのが、長年、二の足を踏んできた最難関の食材への挑戦。そこには生まれ育った牧場と父親との知られざる物語があった。苦悩の末、ジェラートを作り出した柴野に番組が密着した。

そんな柴野が、リモートで、自宅でできる簡単・絶品レシピを大公開。

PROFILE & DATA

2000年故郷の石川・能登町に、家業の牧場が経営するジェラートショップ「MALGA GELATO 能登本店」をオープン。17年イタリアで開催された「Sherbeth Festival」でアジア人初の総合優勝。

『MALGA GELATO 能登本店』

〒927-0311　石川県鳳珠郡能登町字瑞穂 163-1

TEL 0768-67-1003　http://shibanotaizo.com/

NHKプロフェッショナル 仕事の流儀「弱さに向き合い、強くなる ～ジェラート職人・柴野大造～」2019年7月30日放送

NHKオンデマンドで見られます

愛のアイスケーキ（セミフレッドマスカルポーネ）

材料（4人分）

パータボンブ生地（ベース）

卵黄…20g（Mサイズ1個分）

シロップ…水6g＋グラニュー糖21g

ゼラチンパウダー…1g

ラム酒…3g

オレンジ果皮、レモン果皮…½個分ずつ

イタリアンメレンゲ

メレンゲ…卵白12g＋グラニュー糖4g

シロップ…水6g＋グラニュー糖12g

※ここまでがセミフレッド（アイスケーキ）のベースの材料

生クリーム（脂肪分35%以下）…120g 九分立て

マスカルポーネ…50g

味付け

バニラペーストかバニラエッセンス…適量

ラズベリーソース、ジャムなど…適量

デコレーション用フルーツ（イチゴ、キウイ、ミントなど）…適量

作り方

パータボンブ

❶鍋に水とグラニュー糖を入れて加熱し、シロップを作る。

❷卵黄はハンドミキサーにかける。

❸②にオレンジ・レモンの果皮をすって入れる。

ポイント▼味、香りは強めにつけたほうがおいしい。

❹③をミキサーにかけながら、①のシロップを細い糸を垂らすように加えていく。a

❺ゼラチンパウダーをラム酒で溶かし、④に加えてハンドミキサーにかける。

メレンゲ

❻卵白、グラニュー糖をハンドミキサーでメレンゲにする。b

❼①と同様にシロップを作り、⑥に細い糸を垂らすように加える。

ポイント▼甘さ控えめにするなら、ここでシロップは加えなくてもよい。

❽⑤に⑦を混ぜ合わせる。c

ポイント▼泡がつぶれないように、やさしく、耐熱ベラで混ぜる。

a

b

c

❾別のボウルにハンドミキサーで生クリームを泡立て、バニラペーストかバニラエッセンスを加える。

❿⑨にマスカルポーネを入れ、ヘラで混ぜる。

⓫⑩に⑧を3〜4回に分けて入れ、混ぜる。ヘラで持ち上げて、ぼたっと落ちるくらいが目安。セミフレッドベースの出来上がり。

仕上げ

⓬透明の容器にフルーツをトッピングし、絞り袋を使って⑪を容器の半分の高さまで入れ、一度冷凍庫で冷やす。d

⓭冷えて固まったら、ラズベリーソース（市販のジャムでもおいしい）などをのせ、さらに⑪を重ねてまた冷凍庫で冷やす。e

⓮飾り付けにフルーツやミントの葉を適量のせて完成。

d

e

※番組では30人分のレシピを紹介したため、その分量の写真になっています

プロフェッショナルからひとくちメモ

テーマは〝アモーレ（愛）〟。ジェラートとムースの中間のような、フワッとした食感のセミフレッド（アイスケーキ）です。ハンドミキサーがあると、より簡単に作れます。

コーヒーキャラメル味もおいしい！

材料（4人分。ベースの材料は101ページと共通）

生クリーム（脂肪分35％以下）…120g 九分立て

マスカルポーネ…50g

味付け

濃縮コーヒーエキス…適量（またはインスタントコーヒー3gに水15gを加え、加熱冷却したエキス）

シナモンパウダー…適量

キャラメルソースの材料

グラニュー糖…70g

コンデンスミルク…15g

バター…37g

水…27g

カラメルナッツの材料

アーモンド（皮付き、ホール）…15g

ヘーゼルナッツ（皮なし、ホール）…15g

くるみ…15g

ピスタチオ（ホール）…6g

グラニュー糖…12g

バター…2g

作り方

❶～❽、102ページと同じ。

❾ボウルで生クリームを泡立て、濃縮コーヒーエキス、シナモンパウダーを入れる。

❿⑨にマスカルポーネを入れ、混ぜる。

⓫⑩に⑧を3～4回に分けて入れ、混ぜる。ヘラで持ち上げてぼたっと落ちるくらいが目安。ベースの出来上がり。

⓬鍋でグラニュー糖を焦がし、コンデンスミルク、バター、水を加えキャラメルソースを作り、冷却しておく。

⓭アーモンド、ヘーゼルナッツ、くるみ、ピスタチオなどをオーブンでローストし（170℃で15分）、フライパンでグラニュー糖を溶かしたカラメルと合わせて加熱する。余熱でバターを溶かし混ぜ合わせて冷ます。少しかたければ、生クリームで伸ばして使うとよい。

⓮透明の容器に⑪を半分の高さまで入れ、一度冷凍庫で冷やす。

⓯冷えて固まったら、上に⑬をのせて⑫をかけ、さらに⑪を重ねてまた冷やす。

⓰飾り付けに⑬をのせ、⑫をかけて出来上がり。

家庭料理のプロフェッショナル

栗原はるみ

KURIHARA Harumi

誰もがおいしく作れるレシピを追求

圧倒的な人気を誇る料理家・栗原はるみ。その秘密は「100人が作ったら100人がおいしく作れる」緻密なレシピにあった。栗原が目指す、誰もが失敗なく、しかもおいしく作れるレシピ。それを可能にするために、材料の分量や切り方、火にかける時間や加減にいたるまで、事細かに数値化・具体化する。どんな条件でも、おいしさに大きな振れ幅がなく作れる、唯一無二のレシピを発見しようと、日々、試作を繰り返す。

自らの手料理で家族の幸せを作り上げてきた栗原は、自分のレシピを信じてくれる、誰かの幸せのために、精一杯レシピを突き詰める。「ふつうの暮らしこそ幸せ。楽しく生きるために、考える」栗原の、笑顔あふれるキッチンとその陰にある闘いに番組が密着した。

そんな栗原が、リモートで、自宅でできる簡単・絶品レシピを大公開。

PROFILE & DATA

料理家。著書は、ミリオンセラーのレシピ本『ごちそうさまが、ききたくて。』をはじめ累計発行部数3,000万部以上。生活雑貨ショップやレストランなどのプロデュースも手がける。
栗原はるみ公式サイト『ゆとりの空間』 https://www.yutori.co.jp/

NHKプロフェッショナル 仕事の流儀「料理の力を、信じている ～料理家・栗原はるみ～」2011年10月24日放送

万能タレを使ったゴボウハンバーグ

材料（4人分）

ゴボウハンバーグ
合いびき肉…500g
（冷凍庫に眠っている牛・豚・鶏を混ぜてもOK）
タマネギ…½個
ゴボウ… 1本
卵…1個
塩・こしょう…適量
サラダ油…適量
ワサビ…適量
スダチ…適量

万能タレ
しょうゆ…50㎖
みりん…50㎖
砂糖…大さじ2

作り方

❶タマネギを粗みじん（または1cm角）に切る。

ポイント▼タマネギは粗く切ることで、歯触りがよくなる。a

❷ゴボウも、歯ざわりを楽しむために、粗くささがきにする。ボウルに張った水に、5分程度浸してアク抜きする。b

ポイント▼ゴボウは長く水につけすぎると、香りがなくなってしまうので要注意。

❸②のゴボウをざるに上げ、キッチンペーパーで水分を丁寧にふき取る。c

❹ボウルに、合いびき肉、卵、塩、こしょうを入れてこねる。

❺④に少し粘り気が出てきたら、タマネギを入れてなじませる。

❻⑤にゴボウを入れて混ぜ、ハンバーグの形に整える。

ポイント▼ゴボウは肉になじませる感じで。また、ゴボ

a

b

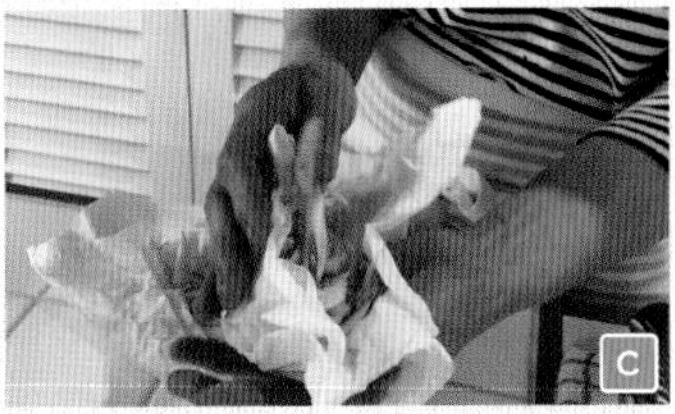
c

d

e

ウはハンバーグの表面に、たくさんついているほうがおいしい。107ページ d

❼フライパンに油を入れ、⑥を焼く。

ポイント▼フライパンに置いたときに、ジュッと音がする温度で焼き始める。

❽ハンバーグはこまめにひっくり返すと形が崩れるので、返すのは2、3度にして、焼き上がるのを待つ。

ポイント▼ときどきハンバーグを軽く押すと、ゴボウが外れにくくなる。中まで火が通ったかどうかを確認するには、一個切ってみてもよい。107ページ e

❾万能タレをハンバーグにかければ完成。お好みでワサビを添え、スダチをかける。

万能タレ

❶しょうゆ50㎖、みりん50㎖、砂糖大さじ2を鍋に入れ、火にかける。

ポイント▼必ずこの分量で作ること。一度にたくさん作ると、しょうゆの味が勝ってタレの味が変わってしまう。

❷①が沸騰したら弱火にして、4〜5分待つ。

ポイント▼火力が強いと水分が飛んでしまうので、弱火でじっくり煮る。

❸細かい泡が出てきたら火を止めて完成。冷めるととろみが出る。

ポイント▼万能タレは簡単に作れて、とてもおいしいので便利。手羽のスペアリブやチャーシューなど、このタレに漬けて焼くとおいしく作れる。

プロフェッショナルからひとくちメモ

パンを牛乳に浸したり、タマネギを炒めたりしなくていい、本当にシンプルなレシピです。私も大好きなのでしょっちゅう作ります。このレシピを覚えれば、おうちごはんの力強い味方になってくれるはずです。

日本料理のプロフェッショナル

山本征治

YAMAMOTO Seiji

三つ星を獲得 日本料理の革命児

世界からグルメが集まる日本屈指の日本料理店がある。その店の店主は、伝統の日本料理をさらなる高みへと「進化」させる料理人・山本征治。大手ガイドブックで三つ星を獲得。日本料理の革命児と呼ばれ、唯一無二の味を追い求め続ける。「この料理法は本当に最上なのか？」と問い続けながら毎日厨房に立ち、自らのインスピレーションを形に変えていく。料理を化学反応に遡《さかのぼ》って学び、ズラリと揃った最新機器を駆使し、全身全霊を傾けて、食材の可能性を突き詰めていく。料理のあらゆる事象に「なぜ？」を問い続け、「料理とは何か？」という根源的な問いと向き合う。「食べる人のために最もおいしい方法を考え抜く、その精神にこそ料理の本質がある」と考える山本に番組が密着した。

そんな山本が、リモートで、自宅でできる簡単・絶品レシピを大公開。

PROFILE & DATA

「日本料理 龍吟」代表オーナーシェフ。2003年東京・六本木に同店をオープン。18年現在の日比谷に移転。これまで『ミシュランガイド』をはじめ、国内外のガイドブックで高い評価を獲得。

『日本料理　龍吟』
〒100-0006　東京都千代田区有楽町1-1-2 東京ミッドタウン日比谷7階
TEL 03-6630-0007　http://www.nihonryori-ryugin.com/

NHKプロフェッショナル 仕事の流儀「覚悟をもって、我が道を行く ～日本料理人・山本征治～」2012年4月9日放送

自家製だしょうゆでラクラク野菜鍋

材料

豚肉（薄切り）… 適量
野菜ジュース（糖分が少ないもの）… 200㎖
冷蔵庫に余っている野菜（タマネギ・長ネギ・ミニトマト・キャベツ・レタス・豆苗など）
水… 適量

自家製だししょうゆ

乾物… 150g（かつお節・昆布・干ししいたけ・干し貝柱など）
しょうゆ… 900g
みりん… 900g

作り方

❶野菜をひとくちサイズに切る。長ネギは斜め切り、タマネギは薄くスライス、キャベツやレタスは薄く千切りする。a

ポイント▼残り物の野菜大歓迎。

❷ホットプレート用の平たい鍋に、野菜ジュース、水を入れる。b

ポイント▼水は、煮詰まったときのために、味が薄くならない程度に入れる。

❸自家製だししょうゆ（112ページ参照）を少量加え、コンロで加熱する。c

❹沸騰してきたら、タマネギ、長ネギを入れる。

❺タマネギ、長ネギがしんなりしてきたら、鍋ごとホットプレートに移す。

ポイント▼ホットプレートを使うことで、ほどよく加熱できる。

❻ほかの野菜や豚肉を入れ、煮立ったら完成。d

a

c

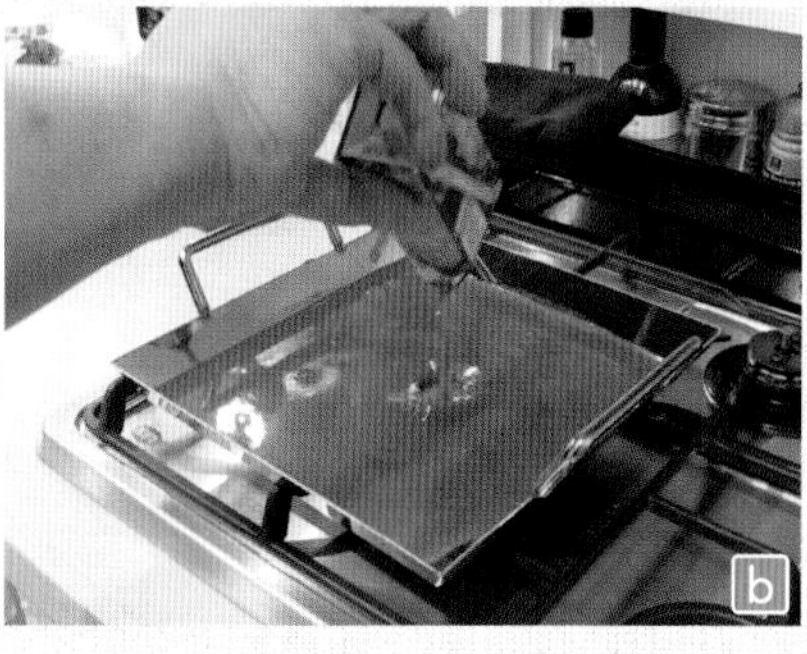
b

d

ポイント▼野菜ジュースをベースにした、温かい豚しゃぶサラダ。野菜を、飲んで、食べて、感じることができる。

だししょうゆの作り方

ポイント▼作り置きしておけば、いろいろな料理に使えて、おいしくなる。

❶2ℓのペットボトルを用意。かつお節・昆布・干ししいたけ・干し貝柱などの乾物（総量150g）をボトルの中に入れる。e

❷①に、1対1の割合でしょうゆとみりんを加え、ボトルを軽く揺らして中身を混ぜる。f

❸ひと晩寝かせる。

ポイント▼時間がたてばたつほど、うまみが増す。しょうゆやみりんを継ぎ足せば、再びだししょうゆが作れる。

※別容器に③とすりおろしたニンニクを加えれば、「ニンニクだししょうゆ」として使える。

e

f

だししょうゆを使ったアレンジ料理

豆苗のだししょうゆ炒め

材料

ショウガ、豆苗、だししょうゆ（112ページ参照）…適量

作り方

❶ホットプレートにだししょうゆをひき、細く刻んだショウガを炒める。

❷①に豆苗をのせ、だししょうゆを水で割ったもの（お好みの濃さ）を回しかけて焼く。

❸フライパンカバー（なければボウル）をかぶせて、熱が逃げないように蒸す。

ポイント▼

シャキシャキ感を残すために、蒸しすぎないようにする。少し蒸すだけでしんなりする。

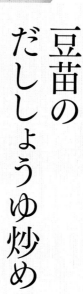

だししょうゆを使ったアレンジ料理

厚揚げのニンニクだししょうゆ焼き

材料

厚揚げ、ニンニク、だししょうゆ（112ページ参照）…適量

作り方

❶厚揚げを食べやすいサイズに切る。

❷ホットプレートで、①にニンニクだししょうゆをかけて焼く。

プロフェッショナルからひとくちメモ

家庭での料理は、できるだけラクにやりたいもの。ラクにできると、料理が楽しくなります。料理は「温度」と「香り」が命。家にあるものを焼いて、アツアツを食べる。家庭料理は、すぐ目の前で作って、出来立てを食べられるからこそおいしいのです。

イノベーティブ料理のプロフェッショナル

米田 肇

YONEDA Hajime

世界最速で三つ星に輝いた男

開業からわずか1年5か月、世界最速で大手ガイドブックの三つ星に輝いた料理人・米田肇。「地球との対話」という壮大なテーマのコース料理に、約400種類に及ぶ旬の食材を使用。一つひとつの食材の最高の「輝き」を引き出す。「孤高の天才シェフ」といわれ、謎のベールに包まれてきたが、今回初めて番組が調理の舞台裏に密着。塩1粒、温度0・1℃の差など「常軌を逸したこだわり」の数々が明らかになる。

米田は電子部品メーカーに入社するも、「料理人になりたい」という幼いころからの夢をあきらめきれず、25歳で脱サラして調理学校に入学。血のにじむような努力の末に三つ星に輝いたが、その後も苦悩と葛藤の日々が待ち受けていた。初めて見せる米田の素顔に番組が密着した。

そんな米田が、リモートで、自宅でできる簡単・絶品レシピを大公開。

PROFILE & DATA

「本当に素晴らしいレストランを造る」というテーマを掲げ、2008年5月に「Hajime RESTAURANT GASTRONOMIQUE OSAKA JAPON」をオープン。開店から1年5か月というミシュラン史上世界最短で三つ星を獲得。12年5月、店名を現在の「HAJIME」に改名。

『HAJIME』

〒550-0002　大阪市西区江戸堀1-9-11 アイプラス江戸堀1F

TEL 06-6447-6688　http://www.hajime-artistes.com/

NHK プロフェッショナル 仕事の流儀「至高の“点”、ここに極まれり～料理人・米田肇～」2019年10月1日放送

NHKオンデマンドで見られます

簡単ヘルシーしっとり！とりサラダ

材料（1人分）

お好みの野菜（ブロッコリー・ししとう・ズッキーニ・水ナス、そら豆、オクラ、トマト、スナップエンドウなど）
鶏ムネ肉…100g
水…適量
かたくり粉…小さじ3
塩…適量
ドレッシング…ポン酢しょうゆ、バルサミコ酢、オリーブオイル（1：1：1の割合で混ぜ合わせる）

❶鍋または深めのフライパンにたっぷりの水を入れ、沸かす。

ポイント▼水の量が少ないと、野菜や肉を入れたときに温度が下がってしまうので、多めに入れる。

❷野菜をひとくちサイズに切る。スナップエンドウは筋を取る。a

❸鶏肉はまず皮を取り、筋も臭みの原因になるので取り除く。肉は筋のところに包丁を入れ、柵の形に切ってから、厚さが均一になるよう薄切りにする。b

ポイント▼肉は、薄切りにしてサッと火を入れたほうがおいしい。厚すぎると火が通るまでの時間が長くなり、パサパサになってしまうので注意。

❹ビニール袋に、かたくり粉と鶏肉を入れ、鶏肉にまんべんなく、かたくり粉がつくようにもむ。肉にかたくり粉がついていないと、そこから水分が出てしまうので注意。

❺①に、パスタの塩加減と同じくらいになるよう塩をたっぷり入れ、野菜をゆでる。アクが少ないスナップエンドウやアスパラガスから1種類ずつ鍋に入れ、ゆで上がったら、あみじゃくしなどで取り出す。

ポイント▼ゆで加減の目安は、「野菜に透明感が出てくること」と、「指で触ったときに野菜に指が少し入るくらい」。少し早めに湯から上げ、余熱で火を通すようにする。c

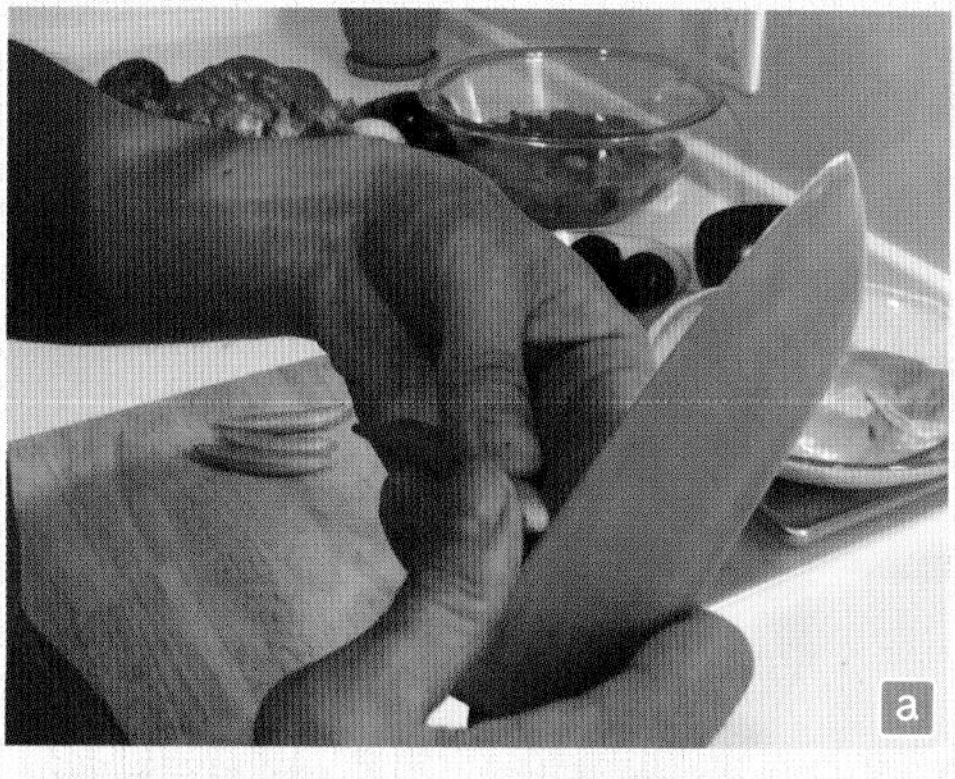

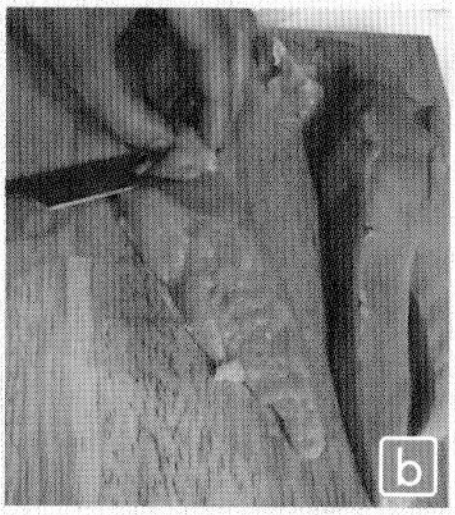

❻ズッキーニなどの焼き野菜はグリルで調理する。d

❼⑤で使った湯を再沸騰させたら、鶏肉をいっぺんに入れる。しゃぶしゃぶの要領で肉をほぐす。

❽再度沸騰し始めたら火を止め、余熱で火を入れる。e

ポイント▼鶏肉の赤い部分がなくなったら、ざるに上げて湯を切る。f

❾カットした生野菜も一緒に美しく盛り付けg、ドレッシングをかけて完成。

プロフェッショナルからひとくちメモ

僕がふだんの食事で、よく食べているメニューです。美しく盛り付けることで、自分はもちろん、食べる人に「あぁ、おいしそうだな」と思ってもらえるはずです。

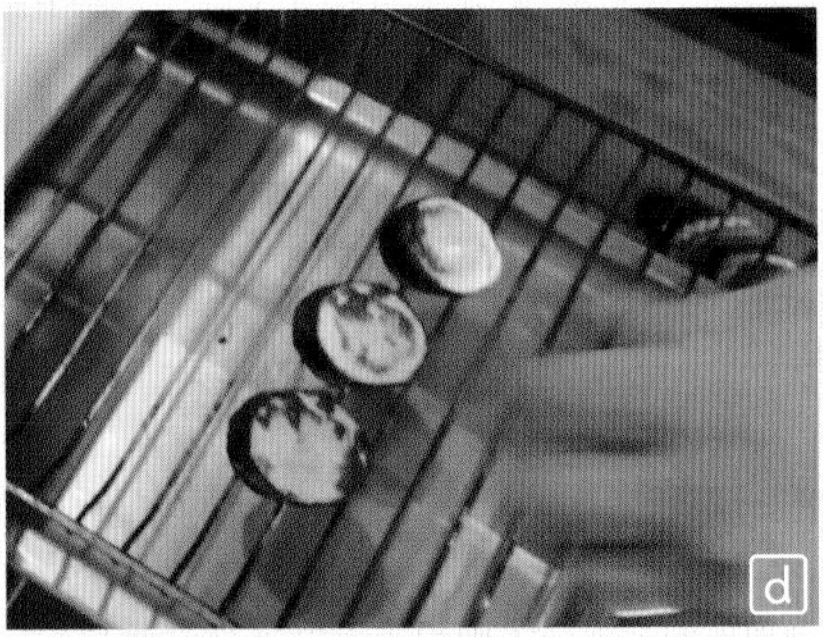

フレンチのプロフェッショナル

小林 圭

KOBAYASHI Kei

アジア人として初めての快挙

有名ガイドブックの本家フランス版で、アジア人として初めて三つ星を獲得したフレンチシェフ・小林圭。長野で生まれた小林は、19歳で上京。フランス料理の修業を積み、渡仏。

さらに修業を重ね、フランス料理界の巨匠アラン・デュカスが手がける三つ星レストランに入社。副料理長にまで上り詰める。その後、独立。自分の店をオープンし、日本人初の快挙を成し遂げた。

小林が作る料理は、味はもちろんのこと、繊細さ、美意識など多岐にわたって評価され、地元料理人からも熱い注目を集める存在だ。

さらに高みを目指す小林を番組で密着する予定だったが、新型コロナウイルスの感染拡大で一時、見合わせることに。小林の番組放送に先駆けて、リモートで小林が寄せてくれた自宅でできる簡単・絶品レシピを大公開。

PROFILE & DATA

1999年に渡仏し、2003年から7年間「アラン・デュカス・オ・プラザ・アテネ」に勤務。11年「Restaurant KEI」をオープン。翌12年にミシュランの一つ星を、20年には三つ星を獲得。21年和菓子の虎屋と御殿場に「MAISON KEI」をオープン。

『Restaurant KEI』

5 Rue Coq Héron, 75001 Paris, France

TEL (+33) 142331474　https://www.restaurant-kei.fr/welcome-japan.html

赤ワインのリゾット　ピストゥを添えて

材料（2人前）

赤ワインのリゾット

米…100g
赤ワイン…90g
タマネギ…20g
オリーブオイル（ピュアオリーブオイル）…適量
チキンブイヨン（市販の固形ブイヨンを湯で溶いたもので可）…適量
塩、黒こしょう…適量
パルメザンチーズ（24か月熟成）…適量
レモン…適量
生ハム…適量

赤ワインソース

赤ワイン…200g
ハチミツ…15g

作り方

❶まず、赤ワインソースを作る。鍋に赤ワインとハチミツを入れ、20分の1くらいになるまで煮つめ、完成。

ポイント▼短時間で煮つめると周りが焦げてしまうので、あまり沸騰させすぎない。10～15分間かけて、わずかにとろみが出るくらいまで煮つめる。a

❷ブイヨンを沸かしておく（市販の固形ブイヨンを使用しても可）。

❸タマネギをみじん切りにする。鍋にオリーブオイルを入れ、塩をふりタマネギがしんなりするまで弱火で炒める。

ポイント▼タマネギを入れてすぐ塩を入れると、甘みが増す。オリーブオイルは多めで。最後はなじんでちょうどよい味になる。b

❹③に研いだ米を入れ、すぐ塩（適量）をふる。中火で、米の周りをカリッとさせるイメージで炒める。c

❺④に赤ワインを入れ、軽くかき混ぜながら煮つめる。

ポイント▼赤ワインは新しいもので、重厚なフルボディがよい。

❻⑤に適宜、沸かしたブイヨンを、米が浸る程度まで加えながら12～14分間を目安に炊く。ブイヨンを加える作業は、何度も繰り返す。d

ポイント▼水分が少なくなると「パチパチ…」という音がしてくる。それがブイヨンを加える合図。混ぜすぎるとお米が割れてしまうので気をつける。

❼⑥に①の赤ワインのソース（適量）とオリーブオイルe、パルメザンチーズと塩・黒こしょうを加える。

❽フライパンの温度を上げ、混ぜ合わせる。f

❾レモンをふりかけ、火を止める。フタをして、30秒蒸らす。

ポイント▼蒸らすことで味が濃縮され、米もふっくらする。

❿⑨を皿に盛り付け、周りに①の赤ワインのソースとオリーブオイルをたっぷりかける。米の上にパルメザンチーズをしっかりかけて、最後に生ハムをのせ、オリーブオイルと黒こしょう（ともに少量）をかけて完成。

マッシュルームのピストゥ（ジェノベーゼソース）

材料

バジル…7g
マッシュルーム（生食可能な鮮度のいいもの。収穫から3日以内が目安）…20g
松の実…10g
パルメザンチーズ（24か月熟成）…25g
ニンニク…0.5g
オリーブオイル（エクストラバージン）…30g
レモン汁…1g
カレー粉…少々
塩、黒こしょう…適量

作り方

❶マッシュルーム・バジル・松の実をみじん切りにし、ボウルであえる。

ポイント▼マッシュルームは皮をむいたほうが、えぐみが出ない。

❷ニンニクをつぶしてみじん切りにして①に加える。

ポイント▼ニンニクは、早く加えるとほかの食材ににおいがついてしまうので最後に。

❸②にパルメザンチーズ・塩・カレー粉・オリーブオイル・黒こしょうを加え、つぶしながら混ぜる。最後にレモンを搾る。g

ポイント▼最初はかたくても、混ぜるうちにマッシュルームから水気が出てピュレのようになる。ピストゥはトーストに塗っても、パスタに加えてもおいしい。

プロフェッショナルからひとくちメモ

お米と赤ワインで作るシンプルなリゾット。まず半分は生ハム、赤ワインのソースと一緒に、残り半分はピストゥを加えて。２つの味を楽しんでみてください。

杉野英実

SUGINO Hidemi

世界コンクールで日本人初のグランプリ

日本人として初めて世界の菓子職人の頂点に立ったパティシエ・杉野英実。本場フランスで「ほかの、どこにもない菓子」と評される。フランスの菓子業界で高名な巨匠でもある杉野は、望めばその実力で、世界の脚光を浴び続けることもできたが、東京・京橋の路地裏に小さな店を構えた。支店も出さず、デパートからの出店依頼も断り、狭い厨房で1日12時間立ちっぱなしで菓子を作り続ける。

杉野の目指す菓子は、ただおいしいだけではない。「一生かけてやれることは一つ、人を幸せにする菓子を作りたい」と言う。地味な作業を一つも手を抜かずに完璧に貫く。素材の仕込みにも細心の注意を払う根っからの職人である。渾身のクリスマスケーキ作りに挑む杉野に番組が密着した。

そんな杉野が、リモートで、自宅でできる簡単・絶品レシピを大公開。

PROFILE & DATA

1979年から3年間、フランスやスイスのレストランでデザートを担当したほか、パリの名店で菓子作りの技術を吸収。帰国後、複数の菓子店でシェフパティシエを歴任したのち、92年神戸に「パチシェ イデミ スギノ」を開店。2002年拠点を東京に移し「イデミ スギノ」をオープン。

『イデミ スギノ』

〒104-0031　東京都中央区京橋3-6-17　京橋大栄ビル1F

TEL 03-3538-6780　https://www.facebook.com/kyobashihidemisugino/

NHKプロフェッショナル 仕事の流儀「あたり前が一番むずかしい ～パティシエ・杉野英実～」2006年1月24日放送

イチゴとオレンジの自家製ジャム

材料（250ccの瓶 3本分）

水あめ… 80g
グラニュー糖… 165g
水… 50g
オレンジの皮… 約1・5個分（30g）
イチゴ… 350g
オレンジの果肉… 約1・5個分（175g）
※房をつけたもの
レモン汁… 約1・5個分（60g）

作り方

❶オレンジの皮をむく。

ポイント▼ピーラーを使うとラクにむけて、皮の白い部分が入らずにすむ。

❷手鍋に分量外の水と少量の塩を加えて、お湯を沸かす。①の皮を入れて、混ぜながら火を通していく。 a

ポイント▼皮の表面についたワックスなどを取り除く大事な作業なので、手を抜かず丁寧に。

❸流水で②の皮をきれいに洗い、キッチンペーパーで水分をふき取る。

❹③を細切りにする。ジャムに皮を入れることで、味に深みが出る。

❺オレンジの果肉とイチゴを薄くスライス。

ポイント▼イチゴは、丸い形が出来上がり時のかわいらしさをアップさせるので丁寧に切る。 b

❻大きめの鍋に水あめ、グラニュー糖、水を入れ、

a

c

b

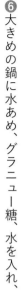

火にかける。沸騰してきたら④を加え、かき混ぜながら火を通す。

ポイント▼オレンジの皮が半透明になるまで加熱する。c

❼⑥が透明になったら、イチゴを半分入れかき混ぜる。

❽⑦が煮立ってきたら、残りのイチゴを入れる。

ポイント▼「おいしくなーれ」と念じながらかき混ぜる。

❾追加したイチゴに火が通ったら、オレンジの果肉を入れてかき混ぜ、沸騰したら火から下ろす。

ポイント▼火を入れすぎないこと。煮すぎると素材のフレッシュ感がなくなり、ただ甘いだけになるので要注意。d

❿⑨を大きめのボウルに移し、レモン汁を加えて混ぜる。レモン汁を入れることで発色がよくなり、味が締まる。e

d

e

⓫⑩を小さなボウルに少量移し、味見をする。

ポイント▼味見をするボウルは、氷水に浮かべてしっかりと冷やし、ジャムも冷やしてから味見をする。

⓬⑪を瓶に詰めて完成。

※瓶詰めの注意点は、129ページを参照。

黒こしょう風味の自家製パイナップルジャム

材料（250ccの瓶2本分）
水あめ…80g
グラニュー糖…165g
水…40g
パイナップル（カットパイン）…500g
（200gはフードプロセッサーでピュレ状に、300gはスライスする）
レモン汁…60g
黒こしょう（挽いたもの）…適量

作り方

❶カットパイン300gを薄くスライスする。

❷カットパイン200gをフードプロセッサーなどでピュレ状にする。

❸大きめの鍋に水あめ、グラニュー糖、水を入れ、火にかける。沸騰してきたら、②を半分入れて、かき混ぜる。a

❹③が煮立ったら②の残りを入れる。

❺④に火が通ったら①を加える。沸いてから2～3分かき混ぜながら火にかける。

ポイント▼パイナップルが透明になってきたら、火を止める。b

❻⑤をボウルに移し、レモン汁を加えて混ぜる。

❼⑥を瓶に詰め、黒こしょうをかけ、瓶を少し振って完成！

a

b

瓶詰めする際の煮沸消毒・脱気の方法

❶耐熱瓶とフタを沸騰したお湯に入れ、煮沸。フタは内側のパッキンがいたむので約5秒。瓶は約5分煮沸し、よく乾燥させる。

❷瓶に熱いままのジャムを9分目くらいまで詰める。複数のフルーツを使う場合は、かき混ぜな

がらそれぞれが均等になるように詰める。

❸瓶のふちを、消毒用アルコールをしみ込ませたペーパーできれいにふき取り、フタを閉める。

ポイント▼ふちに果肉がついていると、カビが生えやすい。C

❹沸騰したお湯に瓶を入れ、約15分間加熱する。

❺お湯から取りだしたら、一瞬、少しだけフタを緩め、中の圧を逃がす。

（〝脱気する〟「シュッ」という音がする）

❻フタを閉める。

※脱気までした場合、開封前であれば、常温で3か月間保存可能。脱気しない場合は、冷蔵庫での保存がオススメ。開封後はどちらも冷蔵庫で保存し、1週間ほどで食べきる。

プロフェッショナルから美味しくなるコツ

ジャムはとても便利で、ドレッシングに加えてもよいし、肉料理の付け合わせにもなります。春から夏にかけては、いろいろなフルーツが出回ります。この作り方をベースにして、ご家族みんなでジャム作りにチャレンジしてみてください。

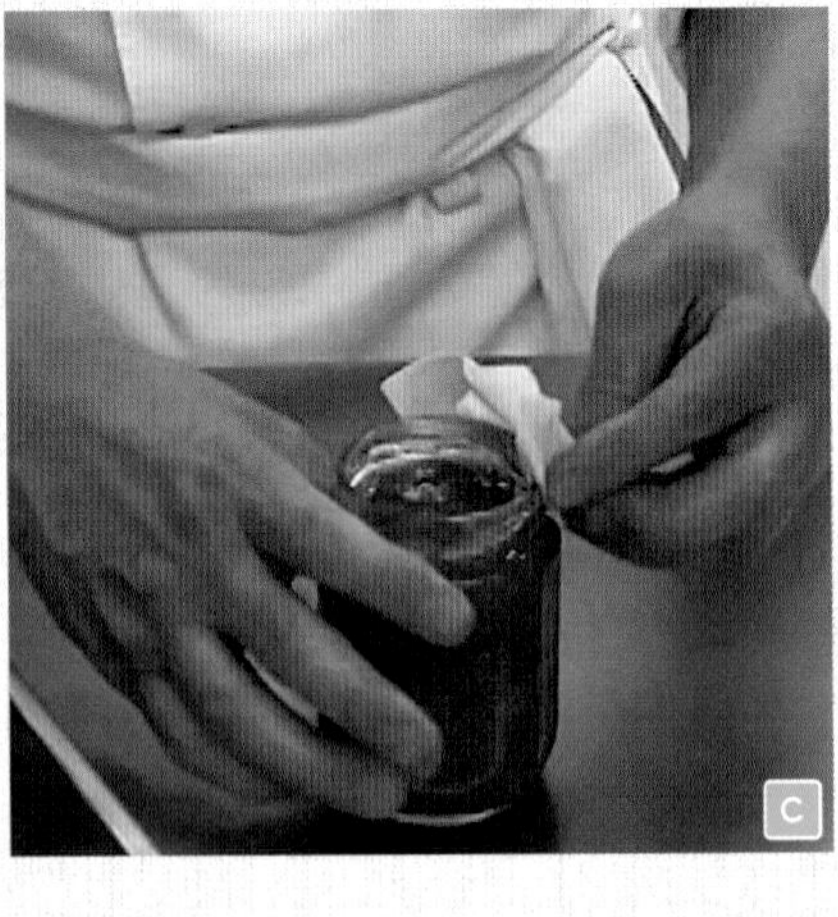
C

自家製ジャムのお手軽パフェ

材料

グラノーラ…適量
生クリーム…適量（グラニュー糖を8％混ぜる）
自家製ジャム…適量
バニラアイス（市販の小さなカップ）…1個
イチゴ（半分にスライス）…適量
粉砂糖…適量
ミント…（あれば）

作り方

❶器にグラノーラを入れる。
❷①に生クリームをのせる。
❸②にジャムをかけ、アイスクリームをのせる。
❹③の周りにイチゴをトッピング。
❺④に生クリームをのせて、粉砂糖をふりかけて完成。

夏ぴったり 桃のコンポート

材料

桃…4個（少しかためがよい）

レモンスライス…1切れ

シロップ

白ワイン…110g

グラニュー糖…110g

水…350g

レモン汁…30g

バニラビーンズ…½本（よくもんで縦に裂いておく）

作り方

シロップ

❶水、グラニュー糖、白ワイン、レモン汁を鍋に入れ、よく混ぜる

❷①に、よくもんで縦に裂いたバニラビーンズを入れる。

桃の下準備

❶大きめの鍋で沸かしたお湯にスライスしたレモンを入れる。

ポイント▼レモンを入れることで、桃が変色するのを防げる。 a

❷桃の上下2か所に、ナイフで切れ目を入れる。 b

❸桃（2個ずつ）をお湯に入れ、約30秒ゆでる。

❹指で桃の皮を引っ張ってみて、むけそうであれば、氷水に移す。 c

❺桃の皮をむく。

❻皮をむいた桃を縦に半分に切る。 d

a

c

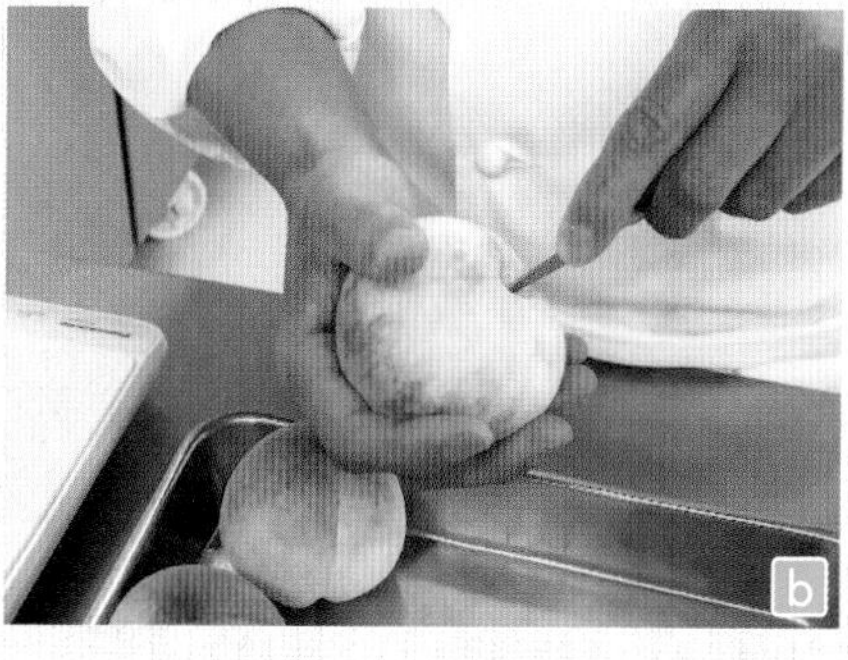
b

d

⑦切った桃は変色を防ぐため、すぐにシロップに浸けておく。

桃のコンポート

①クッキングシートの真ん中に切り込みを入れ、落としブタを作る。シロップに浸けた桃の上に敷く。e

②①を火にかける。

ポイント▼火加減は強めの中火で。

③火が入って桃が少し透明になり、かどが取れてきたら火を止める。f

ポイント▼桃の状態によって煮込む時間は変わるが、目安は12～13分くらい。

④煮込んだ桃は、粗熱がとれるまで常温で置く。その後冷蔵庫で保存。

⑤冷蔵庫で1日冷やしたものが食べ頃。冷蔵庫で保存すれば1週間ほど楽しめる。

⑥桃半分を4等分に切り、グラスに入れ、桃と一緒に煮たシロップをかけたら完成。

e

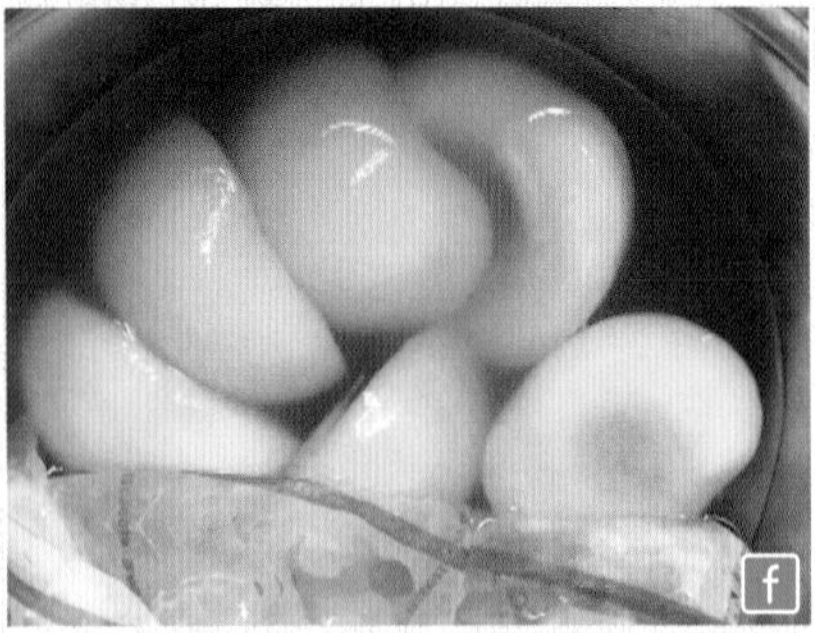
f

プロフェッショナルからひとくちメモ

桃とバニラ。それぞれの香りが最高にマリアージュします。おいしいです。

ピーチメルバ

材料

生クリーム（8％加糖）…適量
バニラアイス（市販の小さなカップ）…1個
桃のコンポート…½個
ラズベリー…6粒
アーモンドスライス（ロースト）…適量
ミント…適量

ラズベリーソースの材料

ラズベリーピューレ（市販）…100g
グラニュー糖…20g
レモン汁…10g
＊混ぜたらラズベリーソースは完成

作り方

❶ガラスの容器に、生クリームを入れる。
❷市販のバニラアイスを、生クリームの上にのせる。
❸②に桃のコンポート、生クリーム、ラズベリーをのせ、ラズベリーソースをたっぷりかけ、アーモンドスライスとミントをのせて出来上がり。

カクテルのプロフェッショナル

岸 久

KISHI Hisashi

世界中の注目を集める革新的なカクテル

東京・銀座のバーテンダー・岸久。31歳にして世界最高峰といわれるカクテルのコンクールで優勝。高い技術でバーテンダー初の「現代の名工」にも選ばれた。カクテル一筋。これまで100万杯以上を作る。岸が目指すのは「客の心に届く完璧な一杯」。革新的なカクテルを生み出す岸の技を見ようと、世界中からバーテンダーが押し寄せる。

世界一に輝いたカクテルの腕前と、決して客にこびない絶妙の接客で、海外でも知られる名バーテンダーの岸にも、1年で最も緊張するカクテルがある。毎年、年末に店を訪れるアメリカ人夫婦が必ず注文するアイリッシュコーヒー。夫婦にとって、若き日の思い出の味を飲むのが年越しの儀式だ。いかにしてその一杯を仕上げるのか、番組が密着した。

そんな岸が、リモートで、自宅でできる簡単・絶品レシピを大公開。

PROFILE & DATA

「スタア・バー」マスターバーテンダー。銀座の老舗バーで修業を積み、1996年IBA世界カクテルコンクールで優勝。2000年「スタア・バー」を開業。08年バーテンダーとして初めて「現代の名工」を受章。14年「黄綬褒章」受章。

『スタア・バー 銀座』

〒104-0061　東京都中央区銀座1-5-13 MODERNS GINZA B1F

TEL 03-3535-8005　https://www.starbar.jp/

NHKプロフェッショナル 仕事の流儀「カクテルは、人生の味 ～バーテンダー・岸久～」2016年2月15日放送

本格スイカカクテル

材料

スイカ（小玉）…½個

塩…適量

テキーラ…（スイカ3に対し1の割合）

ポイント▼テキーラのかわりに、ウオッカ、ジン、焼酎を使ってもおいしくできる。

氷…適量

作り方

❶スイカを切り、果肉をミキサーにかけてつぶしてジュースを搾り出す。

ポイント▼果肉感を残したほうがおいしいので、ミキサーをかけすぎない。すりこぎ棒で砕いてもよい。a

❷①をこし器で粗ごしする。

❸平たい皿に塩を薄くひき、濡らしたグラスのふちを軽く押し当てて塩をつける。b

❹シェイカーに氷と、②のスイカ果汁3に対しテキーラ1の割合で入れ（スイカ90ccに対してテキーラ30cc）、7〜8秒シェイクする。

ポイント▼シェイクすることで、中身が混ざって冷えるほか、非常に細かな泡ができておいしくなる。c

❺④を③に注いで完成。

シェイカーの握り方

※シェイカーは100円均一ショップでも手に入る

右利きの場合は、親指をシェイカー上部の先端に当てがい、ほかの指を広げてシェイカー本体をしっかり押さえる（小指でもしっかり）。左手は中指と薬指で、シェイカーの底をしっかり押さえる。d

a

c

b

d

おうちモヒート

材料
砂糖…200g
水…150㎖
ミント…適量
氷…適量（グラスにいっぱい）
ソーダ水…30㎖
ライム（くし切り）…適量
ラム酒…45㎖

作り方

モヒートシロップ

❶小さめの鍋に水を入れて沸騰させる。

❷沸騰した鍋に砂糖を入れ、透明になって完全に溶けきるまでかき混ぜる。a

ポイント▼砂糖を入れたあとは、沸騰させないように火加減に注意する。

❸②が透明になったら火を止め、ミントをひとつかみ入れて浸す。この時点でミントのいい香りがする。b

❹③を常温で冷まし、湯気が出なくなったらアルミホイルをかけ、冷蔵庫に入れて一晩置く。

❺④を冷蔵庫から取り出し、ミントを取り除く。c

仕上げ

❶氷を用意する。

a

b

c

d

ポイント▼氷は少し常温で置いて霜が取れている状態で使う。

❷新しいミント（穂先なら3つ程度）を手に取り、水をかけて濡らし、手の中で一度たたく。d

ポイント▼ミントはつぶれると、いい香りが出る。

❸②をグラスに入れ、ソーダ水を加え、すりこぎ棒で軽くつぶす。

ポイント▼あまり強く押すと苦くなってしまうので要注意。ソーダ水にミントの香りを移すイメージで。e

❹グラスにモヒートシロップを、小さじ2加える。

❺④に、ライムを、軽く搾って果汁を入れてからグラスに落とす。すりこぎ棒を使い、ミントとライムを軽くつぶす。グラスにたっぷり氷を入れる。

❻⑤にラム酒45mℓを注ぎ、底のミントとライムを押しながらかき混ぜる。f

❼再びミント数穂を手でたたき、⑤の上にのせて出来上がり。

e

f

プロフェッショナルからひとくちメモ

どちらも、暑い夏にぴったりのカクテル。スイカは、搾って果汁を使ってもとてもおいしいです。

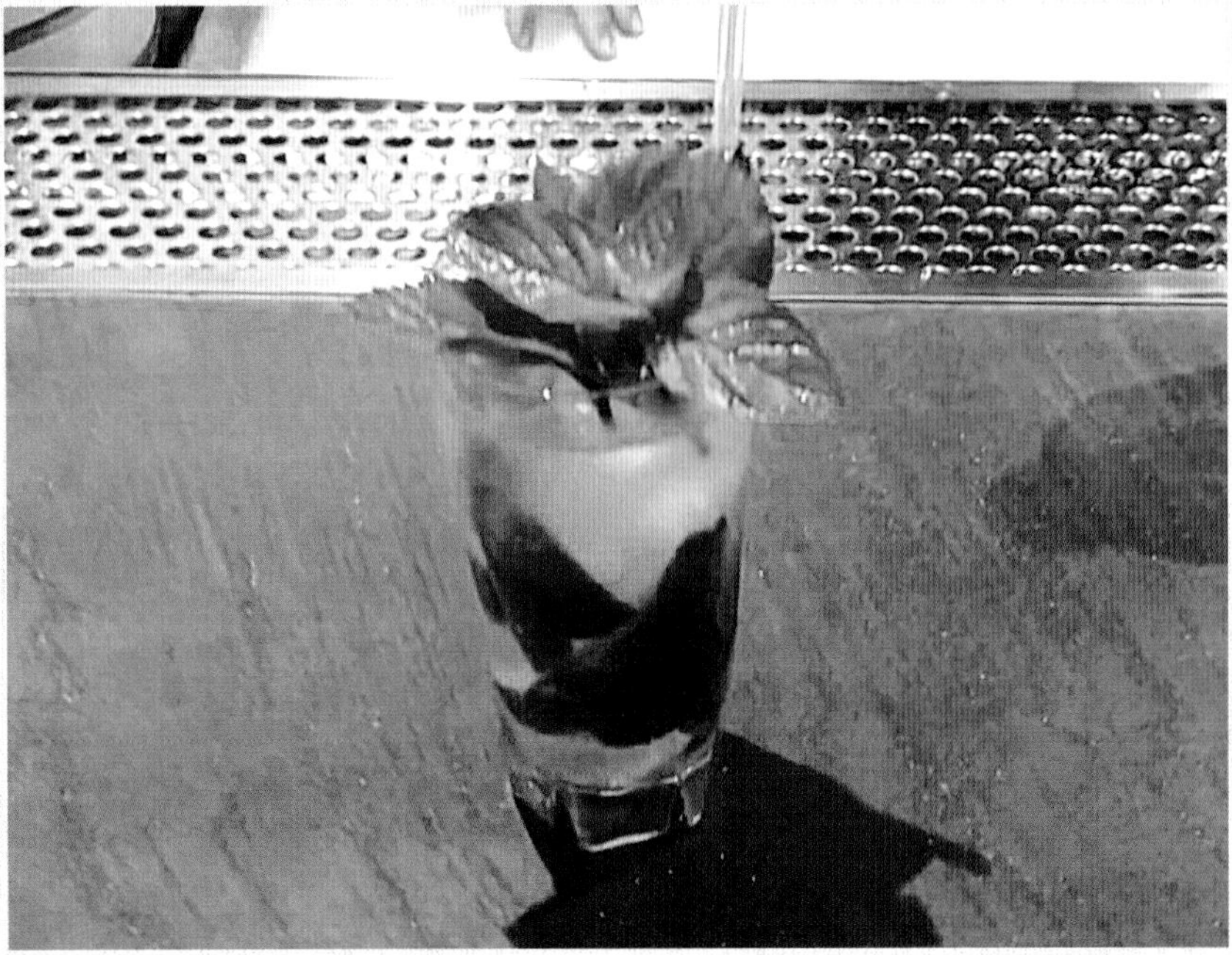

モヒート風ソーダ（ノンアルコール）

材料
ライム、モヒートシロップ（140ページ参照）、ミント、ソーダ水…適量

作り方
ポイント▼ラム酒の代わりにソーダを使えば、お子様用のモヒートジュースが作れる!!

❶ライム（くし切り）を細かく切り、プラスチックの容器に入れる。
❷①にモヒートシロップ大さじ1を加え、すりこぎ棒でライムをつぶす。
❸濡らしたミント数穂を手でたたいてつぶし、②に入れて、すりこぎ棒でつぶす。
❹③にソーダ水を加えて混ぜ、氷を入れた別のグラスに移し、ライムをのせて完成。

NHKプロフェッショナル 仕事の流儀
プロのおうちごはん

発行日 2021年 4 月14日 第 1 刷

編者 NHK「プロフェッショナル 仕事の流儀」制作班

本書プロジェクトチーム
編集統括 柿内尚文
編集担当 高橋克佳、斎藤和佳
編集アシスタント 志水公美
編集協力 江森孝（オフィスプレーゴ）
協力 タサン志麻、島田良彦、杉本晃章、古田等、市居馨、植竹大介、竹内久典、早乙女哲哉、横溝春雄、岸田周三、池川義輝、三枝俊介、松本秀樹、前田文男、柴野大造、栗原はるみ、山本征治、米田肇、小林圭、杉野英実、岸久（番組出演順）
デザイン・DTP 菊池崇＋櫻井淳志（ドットスタジオ）
校正 中山祐子

営業統括 丸山敏生
営業推進 増尾友裕、藤野茉友、綱脇愛、大原桂子、桐山敦子、矢部愛、寺内未来子
販売促進 池田孝一郎、石井耕平、熊切絵理、菊山清佳、吉村寿美子、矢橋寛子、遠藤真知子、森田真紀、大村かおり、高垣知子
プロモーション 山田美恵、林屋成一郎
講演・マネジメント事業 斎藤和佳、志水公美

編集 小林英史、舘瑞恵、栗田亘、村上芳子、大住兼正、菊地貴広
メディア開発 池田剛、中山景、中村悟志、長野太介、多湖元毅
管理部 八木宏之、早坂裕子、生越こずえ、名児耶美咲、金井昭彦
マネジメント 坂下毅
発行人 高橋克佳

発行所 株式会社アスコム

〒105-0003
東京都港区西新橋2-23-1 3東洋海事ビル
第2編集部 TEL：03-5425-6627
営業部 TEL：03-5425-6626 FAX：03-5425-6770

印刷・製本 株式会社光邦

Printed in Japan ISBN 978-4-7762-1131-0